U0111969

大展好書　好書大展
品嘗好書　冠群可期

大展好書　好書大展
品嘗好書　冠群可期

運動精進叢書 23

羽毛球技、戰術
訓練與運用

林建成 編著

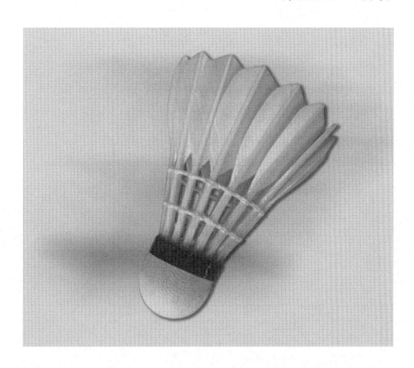

大展出版社有限公司

1965 年，賀龍副總理（前右三）親切接見訪問北歐載譽凱旋的中國羽毛球隊（作者在第二排右三）

作者在雙打比賽中跳起奮勇扣殺

1963 年，四位無冕之王——作者（魚躍救球者）／吳俊盛與侯家昌／方凱祥在爭奪全國男雙冠軍

1963年，作者（前左一）與福建省隊友在省體委主任李葳（前左二）的率領下，參加第一屆新興力量運動會，並獲得佳績

1963年，作者（右一）與隊友湯仙虎（左一）、吳俊盛（前左二）、侯家昌（前左三）等合影

1973年，作者（前左）在教學訓練中講解與示範

1977 年，作者（左一）在尼日利亞任教

1984 年，作者與夫人陳玲玲和父母、兩個兒子在家看電視

1984 年，作者（右）與著名教練員湯仙虎（左）同他們共同培養的「世界羽壇姐妹花」林瑛（右二）、吳迪西（左二）

1986 年，作者（後排右五）於中國羽毛球協會成立 30 周年慶祝會上獲獎

1997 年，作者（前右）帶隊參加在台北舉行的第四屆華人杯賽（前排左起：代治平、吳世傑。後排左起：鄭寶君、施文、台方老板、陳玲玲、吳宇紅）

作者（右）與國家著名教練員陳福壽（中）、侯家昌（左）在日本比賽時

序

　　本書作者林建成是原中國羽協教練委員會副主任，福建省羽毛球協會副主席、教練委員會主任。國家級教練員，福建省勞動模範，福建省首批優秀專家，並獲國家體委員頒發的「體育運動榮譽獎章」，是「新中國體育開拓者榮譽獎章」、國際羽聯「貢獻獎」獲得者。他告訴我，他的這部《羽毛球技、戰術訓練與運用》的書稿已經改畢，要我抽空閱讀，並為之作序。誠託難辭。

　　承託多日，終於看完書稿，掩卷冥想，感慨頗多。建成這個生就一雙勁手、素以「拼命三郎」著稱於中國羽壇的壯漢，放下球拍後從何時起搖筆寫書了呢？完成這部二十多萬字的書稿要耗去他多少日夜，多少心血和精力啊！

　　建成是印尼歸國僑生，也是 1956 年組建中國第一支羽毛球隊（福建省羽毛球隊）時諸多精英中的一員悍將。他馳騁征戰多年，參加了國內外一系列重大賽事，多次以優異成績為福建省乃至中國爭光添彩。退役後，在二十多年的教練員生涯中，擔當過援外（尼日利亞）教練員，多次出國（英國、朝鮮、菲律賓和中國香港地區）講學，長時間執教福建省羽毛球隊，培養了眾多世界頂尖高手，林瑛、吳迪西、鄭昱鯉、

陳瑞珍、施文、吳宇紅是他的得意門生。他的工作實績之大，奉獻精神之烈，令人敬佩。及至年近古稀，退離一線隊伍後，他仍然風風火火，不甘閒於家室，依舊義無反顧地爲中國羽毛球事業做他能做的一切，本書的撰寫與出版就是一個力證。

在研讀建成的書稿時，我注意到這樣一個實際情況，即在很多體育教學大綱或圖書中，至少我沒有看到一本對羽毛球運動進行了如此具體而周詳的綜合性研究。我認爲，這本書不僅對一般的體育教學有用，而且也對從事羽毛球運動工作或對其中一方面問題進行研究的學者有用。此外，對羽毛球教練員也有重要的參考價值。這本書，是建成從事羽毛球運動四十多年的實踐總結，也匯聚了中國羽壇幾代人的經驗和教訓，值得一讀。

我還殷切盼望，有更多、更新、更好的羽毛球專著面世。

王之敏　　於北京

自　述

　　我這一輩子和羽毛球運動結下了不解之緣，前半
輩子當運動員，後半輩子做教練員。這個經歷促使我
積累了羽毛球技、戰術訓練與運用的經驗，對羽毛球
運動的鍾愛促使我寫成了這本書，這是我在人生道路
上留下的珍貴足跡。

　　1939 年 2 月 2 日，我出生在有羽毛球王國之稱的
印尼的一個小城鎮。那時候，父親林鐵垣是巨港第一
小學的校長，他喜愛羽毛球運動，所以我從小就常跟
他在一起學打羽毛球。可以說，他是我的第一位啓蒙
教練員。新中國成立後，我們懷著對中國的無比熱愛
和嚮往，於 1952 年 9 年舉家返回故鄉——福建泉州。
福建省羽毛球隊正式組建後，我於 1957 年 4 月 25 日
被挑選入隊，開始了四十多年的羽毛球運動生涯。在
當運動員期間，我先後與楊人燧（已故）、吳俊盛
（在香港任教練員）合作，多次獲得全國羽毛球雙打
冠軍。曾在 1963 年兩次戰勝來訪的世界男雙冠軍——
印尼隊的楊金美／陳景源。同年又作爲中國羽毛球隊
的一員，參加了第 1 屆新興力量運動會，獲得了男團
和男雙兩項亞軍。正當我的技、戰術逐漸處於顛峰狀
態時，不幸的事情發生了：

　　1964 年 5 月，在廣州的全國羽毛球錦標賽中，我

在一次跳起扣殺時受傷，並被迫退出比賽。經醫生確診為右膝關節內側副韌帶斷裂，決定立即手術。當時，不少人包括一些醫生，都認為我不能繼續當運動員了。我非常痛苦，內心爭扎很激烈，不甘心就這樣結束自己的運動生涯，加上平時養成的「胸懷祖國，放眼世界」的思想極大地激勵著我下定決心，一定要繼續當運動員，只要中國需要，即使付出再大的代價也在所不惜。因此，我積極地配合治療，儘可能地做些鍛鍊，使體能不至嚴重衰退。就這樣，經過半年的治療，奇蹟出現了。

1965年初，我終於又活躍在羽毛球場上，這使我信心大增，更加發奮訓練，在1965年舉行的第2屆全運會上，我與隊友合作，取得了男子團體和男子雙打冠軍。全運會後，國家體委根據賀龍副總理的指示，組隊征戰北歐——丹麥、瑞典。我由於在全運會上的表現突出而榮幸地被選入中國羽毛球代表隊，結果我們以34：0的戰績大獲全勝，震驚了世界羽壇，也寫下了我們這一代運動員鼎盛時期的輝煌一頁。

1966年開始了「文化大革命」，加上我在一次訓練中又受傷，故於1969年被下放到上杭縣才溪公社勞動，一直到1972年才調回羽毛球隊，從此開始了羽毛球教練員的生涯。

二十多年來，經找執教的運動員中有林瑛、吳迪西、鄭昱鯉、陳瑞珍、施文、吳宇紅6人先後獲得了23次世界冠軍，11人獲得過洲際冠軍，15人獲得全國冠軍，並獲得國內外各種比賽冠軍162人次，亞軍

108 人次、季軍 94 人次。爲此，國際羽聯爲我頒發了「貢獻獎」；國家體委給我記了一等功，並授予「體育運動榮譽獎章」。1988 年我被評爲「福建省勞動模範」和「優秀教練員」。1992 年福建省政府授予我「首批優秀專家」稱號，並於 1997 年繼續得到確認。1993 年國家體委批准我爲國家級教練員（教授級）。

爲了提高自己的理論水平，能爲我國羽毛球運動的理論建設作些貢獻，我考入了上海體育學院運動系函授班。我邊工作邊學習，邊總結邊鑽研，努力地使自己從一個教練員成長爲在上海體育學院爲全國羽毛球教練員崗位培訓高級班、中級班的講課教授。我不斷探索羽毛球運動的特點和規律，先後在《中國體育科技》《中國體育報》《福建體育科技》和《上海體育學院學報》上發表了近二十篇有關羽毛球運動的論文，並參與了《中國體育教練員崗位培訓教材羽毛球》的撰寫工作。一次次的寫作實踐豐富了我的思路，開拓了我的視野，積累了大量的材料，也爲我寫成本書奠定了厚實的基礎。這本書可以說是我幾十年羽毛球運動實踐的總結。書是寫成了，但由於自己的水平有限，錯誤之處在所難免。我只是希望由我膚淺的心得，能爲廣大羽毛球運動愛好者提供一些專業知識，也做引玉之磚，願能促進中國羽毛球運動更快更好地發展。

於上海

圖　例

○　甲、練習者、混合雙打中的女隊員

△　乙、陪練員、混合雙打中的男隊員

□　教練員

　左腳

　右腳

————▶　步法移動

——〜〜〜▶　隊員移動路線

————▶　擊球路線、最後一拍的路線①

——————▶　回擊路線

- - - - - ▶　最後一拍的路線②

══════▶　最後一拍的路線②

————mmmmm▶　對打對攻路線

目　錄

一、羽毛球運動簡介

(一)羽毛球運動的起源與演變

羽毛球運動的起源眾說紛紜，相傳 14—15 世紀時，在日本出現了用木製的球拍、用櫻桃核插上羽毛製成的球來回對打的運動，這便是當今羽毛球運動的雛形。但由於這種球不夠堅固耐用，飛行速度又太快，故風行一時後又逐漸消失了。

大約在 18 世紀，印度的普那出現了一種與早年日本的羽毛球運動極相似的遊戲，當時的球是用直徑約 6 公分的圓形硬紙板、中間挖個孔、插上羽毛做成，與我國的毽子類似，當時，印度稱此項運動為「普那」。

現代羽毛球運動出現於 19 世紀。大約 1870 年，在英國出現了用羽毛、軟木做的球和穿弦的球拍。1873 年，英國公爵鮑弗特在格拉斯哥郡伯明頓鎮的莊園裏進行了一次羽毛球遊戲，當時的場地呈葫蘆形，中間狹窄處掛網。從此，羽毛球運動便逐漸開展起來。「伯明頓」即成了羽毛球的名字，英文的寫法是「BADMINTON」。直至 1901年，才改為長方形的場地。

1875 年，世界上第一部羽毛球運動規則草擬於印度普那。3 年後英國又制定了更為完善和統一的規則，當時規則的不少內容至今仍無太大改變。

1893 年，英國的 14 家羽毛球俱樂部倡議組成了世界上第一個正規的羽毛球協會，進一步修訂了規則，重新規定了統一的場地標準。1899 年，該協會舉辦了首屆全英羽毛球錦標賽。

1934 年，由英國、加拿大、丹麥、愛爾蘭、法國、荷蘭、紐西蘭、蘇格蘭和威爾士等發起成立了國際羽毛球聯合會（簡稱國際羽聯），總部設在倫敦。從此，羽毛球真正成為一項世界性的體育運動。1934—1947 年，這一時期，丹麥、美國、英國、加拿大等歐美選手稱雄於國際羽壇。

(二)世界羽毛球運動發展簡況

1948—1949 年，國際羽聯在英國普勒斯頓舉辦了首屆世界男子羽毛球團體錦標賽——湯姆斯杯賽。在首屆比賽中，馬來亞（後改名為馬來西亞）隊榮獲了團體冠軍，開創了亞洲人稱雄國際羽壇的新時代。在 1948 年到 1979 年的 11 屆湯姆斯杯賽中，印尼隊獲得 7 次冠軍，馬來西亞隊獲得了 4 次冠軍。

20 世紀 60 年代初期，中國隊開始崛起。1963—1964年，中國隊兩次戰勝來訪的世界冠軍——印尼隊；1965 年征戰歐洲，以 34：0 的絕對優勢戰勝丹麥、瑞典。當時，湯仙虎在與當年獲得全英羽毛球錦標賽男單冠軍，並已蟬聯 7 次全英冠軍的柯普斯比賽時，以 15：5 和 15：0 大獲全勝，威震國際羽壇。由於當時的政治原因，中國未能加入國際羽聯，也未能正式參加世界性的錦標賽，故中國羽毛球隊被譽為「無冕之王」。

1956 年，首屆世界女子羽毛球團體錦標賽——尤伯杯賽在英國舉行。前 3 屆冠軍均被美國隊獲得。20 世紀 60 年代中後期，日本女隊首先崛起，擊敗美國隊而榮登冠軍寶座。從此，女子羽毛球運動的優勢開始轉移到了亞洲。

　　此後，日本隊和印尼隊包攬了歷屆比賽的冠軍和亞軍。

　　20 世紀 70 年代以後，印尼隊和中國隊在男子羽毛球技術方面處於世界的領先地位。1982 年中國男隊首次參加湯姆斯杯賽就榮獲冠軍。亞洲的日本、韓國、巴基斯坦、印度、泰國、馬來西亞等隊的運動技術水準也有長足的進步，在國際性比賽中也都取得較好成績。同時，歐洲的丹麥、英國和瑞典在發揮自身原有特點的基礎上，廣泛吸收亞洲人的快速步法等技術和經驗，水準穩步上升，仍為羽壇勁旅。女子方面，亞洲的中國、印尼、日本隊處於三強鼎足之勢，歐洲的丹麥、瑞典、英國不甘落後緊隨於後，而美國隊則每況愈下了。

　　1978 年 2 月，世界羽毛球聯合會於中國香港成立，當年在泰國舉辦第 1 屆世界羽毛球錦標賽，並於第二年在中國杭州舉辦了世界羽毛球聯合會第 1 屆世界盃賽和第 2 屆世界羽毛球錦標賽。

　　1981 年 5 月 25 日，在各方共同努力下，國際羽毛球聯合會和世界羽毛球聯合會正式合併，結束了世界羽毛球界的分裂局面，促進了世界羽毛球運動的發展。

　　1982 年，中國隊首次參加第 12 屆湯姆斯杯賽，並以 5：4 戰勝了「世界羽毛球王國」——印尼隊，獲得冠軍。中國女隊首次參加全英錦標賽就獲得女單冠軍和亞軍、女

雙冠軍。1984 年第一次參加尤伯杯的中國女隊力挫群雄，勇奪桂冠。之後，湯、尤杯改為兩年一屆，直至 2008 年湯姆斯杯賽共舉辦了 25 屆，印尼隊共獲得 13 次、中國隊獲得 7 次、馬來西亞隊獲得 5 次。湯姆斯杯賽冠軍就被這 3 個亞洲國家包攬。

尤伯杯賽直至 2008 年共舉辦了 22 屆，中國隊共獲得 11 次、日本隊獲得 5 次、印尼隊和美國隊各獲得 3 次。中國隊在 1998、2000、2002、2004、2006 和 2008 年這 6 年裏，創造了奪得六連冠的紀錄。

目前，國際羽聯管轄下的世界性羽毛球大賽有：湯姆斯杯賽（即男子團體賽），1948 年開始每 3 年舉辦一屆，從 1982 年後改為每兩年一屆，現已舉辦過 25 屆；尤伯杯賽（即女子團體賽），1956 年開始每 3 年舉辦一屆，1982 年改為每兩年舉辦一屆，現已舉辦過 22 屆；世界錦標賽（即 5 個單項比賽），1972 年開始每 3 年舉辦一屆，1983 年改為每兩年舉辦一屆，現已舉辦過 15 屆；世界盃賽（即 5 個單項比賽），1981 年開始，每年舉辦一屆，現已舉辦了 28 屆；蘇迪曼杯混合團體賽，1989 年開始，每兩年舉辦一屆，現已舉辦了 10 屆。

(三)中國羽毛球運動發展簡況

20 世紀 20 年代末至 30 年代中期，羽毛球運動傳入中國，但在新中國成立前，從未舉辦過全國性的羽毛球比賽，僅上海、天津、北平和廣州開展這項運動。新中國成立後，羽毛球項目很快成為我國體育運動的重點項目之一。

1953 年，在天津舉辦了第一次全國羽毛球賽。1954年，印尼僑生王文教、陳福壽等具有較高羽毛球技術水準又有愛國熱情的赤子回到中國，為我國羽毛球運動的發展起到了很大的推動作用。在 1959 年第 1 屆全國運動會上，福建隊以絕對優勢取得了男單、男雙、女單和女雙的冠軍，並取得團體總分第一名。從此，福建便成為我國羽毛球運動開展的重要基地。

1960 年，印尼青年羽毛球名將湯仙虎、侯加昌、方凱祥、陳玉娘相繼回國，帶回了國外先進技術和打法。這個時期，福建隊和廣東隊成為我國羽壇的兩霸主：福建隊以手法細緻、突擊動作小、出手快、爆發力強而著稱；而廣東隊則以快速上網，採用墊步加蹬跨步，後退步法則以蹬跳步，從而加快整個場上步伐速度而著名。福建隊、廣東隊互相學習互相促進，對推進全國羽毛球運動起了帶頭作用。我國羽毛球技術水準出現了一個劃時代的飛躍。

1963 年 7 月 11 日—8 月 12 日，世界第一流水準的印尼羽毛球隊訪問我國。他們陣容整齊，實力雄厚，曾於 1958 年和 1961 年連續兩屆湯姆斯杯奪冠。訪問期間，中國國家隊、中國青年隊、廣東隊、福建隊、湖北隊與之比賽均獲得勝利，此結果震驚了世界羽壇。同年 11 月，我國羽毛球隊參加了在印尼首都雅加達舉行的第 1 屆新興力量運動會，由湯仙虎、侯加昌、林建成、吳俊盛、張鑄成、梁小牧、陳玉娘、陳家琰、陳麗娟、林小玉組成的中國羽毛球隊獲得女團、男單兩項冠軍，並獲得男單第二，女單第二、三名和男女雙打第二、三名的好成績。

1964 年，印尼羽毛球隊在蟬聯了 3 屆男子世界冠軍之

後再次到我國訪問。來訪的隊員絕大部分是參加湯姆斯杯的主力隊員，包括男單世界冠軍陳有福，訪問的目的很明顯，試圖決一雌雄。比賽結果還是我國羽毛球隊獲得勝利。這說明，中國羽毛球運動水準已趕上了世界強隊的水準。

1965 年 10 月，中國羽毛球隊應邀訪問了丹麥和瑞典。比賽結果我國羽毛球隊以 34：0 的絕對優勢獲得全勝。使世界羽壇為之震驚，外電外報稱譽我國羽毛球為「冠軍之冠軍」和「無冕之王」。

改革開放以後，我國大力恢復發展羽毛球事業，70 年代末 80 年代初，我國羽壇大批後起之秀脫穎而出，他們在各種類型的國際比賽中取得了好成績。1981 年，在美國舉辦的第 1 屆非奧運會項目世界運動會上，我國獲男、女單打與男、女雙打冠軍。

1981 年 5 月，國際羽聯和世界羽聯正式合併，中國羽壇健兒正式步入了世界比賽的最高舞臺。1982 年 3 月和 5月，我國羽毛球健兒又在全英錦標賽和湯姆斯杯賽中再創輝煌，勇奪冠軍。

1986 年、1988 年我國連續兩次獲得湯姆斯杯和尤伯杯的雙冠軍。1987 年的世界錦標賽和 1988 年的世界盃賽的 5項冠軍都被我國健兒囊括，創造了一個國家選手連續囊括世界級比賽 5 個單項冠軍的最高紀錄。

1988 年漢城奧運會，羽毛球被列為奧運表演項目。4年後，1992 年巴賽隆納奧運會上羽毛球被列為正式比賽項目。此時，我國男女隊正在步入新老隊員交替的階段，故在此屆賽會上只奪得女雙亞軍。

1993 年，中國國家羽毛球隊教練員班子大換班，總教練王文教和副總教練陳福壽、侯家昌均退役，由李永波副總教練（後轉為總教練）、李玲蔚、李矛、田秉毅出任教練組負責人，擔起對新一代運動員的培養任務。

1994 年廣島亞運會，中國隊雖無一個金牌入賬，但已培養出一批年輕新手，於 1995 年開始走出低谷，首次奪得「蘇迪曼杯」冠軍。

1995 年在世界錦標賽上葉釗穎奪得女單冠軍。

1996 年亞特蘭大奧運會上，葛菲／顧俊奪得女雙冠軍，實現了我國羽毛球項目在奧運會上金牌「零」的突破。

1997 年我國運動員再次奪得「蘇迪曼杯」冠軍，同時，在世界錦標賽上獲得女單、女雙和混雙三塊金牌，開始步入了再鑄輝煌的歷程。

2000 年雪梨奧運會上我國運動員吉新鵬奪得男單冠軍、龔智超奪得女單冠軍、葛菲／顧俊再次奪得女雙冠軍、張軍／高崚奪得混雙冠軍。

2001 年再次奪得蘇迪曼杯冠軍。在世錦賽上龔睿娜奪得女單冠軍、高崚／黃穗奪得女雙冠軍、高崚／張軍奪得混雙冠軍。

2003 年在世錦賽上夏煊澤奪得男單冠軍、張寧奪得女單冠軍、高崚／黃穗奪得女雙冠軍。

2004 年奪得湯、尤杯雙冠軍，並在第 28 屆奧運會上張寧奪得女單冠軍、張軍／高崚奪得混雙冠軍、楊維／張潔雯奪得女雙冠軍。

2005 年奪得蘇迪曼杯冠軍，在世錦賽上謝杏芳奪得女

單冠軍、楊維／張潔雯奪得女雙冠軍。在世界盃上林丹奪得男單冠軍、蔡贇／傅海峰奪得男雙冠軍、謝杏芳奪得女單冠軍、楊維／張潔雯奪得女雙冠軍、謝中博／張亞雯奪得混雙冠軍。

2006 年在日本東京奪得湯、尤杯冠軍，在世錦賽上謝杏芳奪得女單冠軍、林丹奪得男單冠軍、蔡贇／傅海峰奪得男雙冠軍、高崚／黃穗奪得女雙冠軍。

在世界盃上林丹奪得男單冠軍、高崚／黃穗奪得女雙冠軍、王儀涵奪得女單冠軍。

2007 年奪得蘇迪曼杯冠軍，在世錦賽上朱琳奪得女單冠軍、林丹奪得男單冠軍、楊維／張潔雯奪得女雙冠軍。

2008 年在印尼雅加達奪得湯、尤杯雙冠軍，並在北京第 29 屆奧運會上林丹奪得男單冠軍、張甯奪得女單冠軍、於洋／杜靖奪得女雙冠軍。

(四)羽毛球運動發展前景

隨著我國社會經濟、文化及體育事業的進步與發展，羽毛球運動已受到越來越多群眾的愛好。1998 年由「摩托羅拉」承辦的羽毛球「天王」挑戰賽在全國各大中城市相繼開展，推動了我國的羽毛球事業的發展。

從 1992 年第 25 屆巴賽隆納奧運會開始，羽毛球被列入正式比賽項目，世界各體育強國更加重視羽毛球運動的開展和水準的提高，競爭將更加激烈。

有關湯姆斯杯、尤伯杯比賽資料如表 1、表 2 所示。

表1　歷屆湯姆斯杯冠、亞軍隊

屆次	年份	地點	參加國家和地區	冠軍	亞軍	決賽成績
1	1948－1949	普雷斯頓(英國)	10	馬來西亞	丹麥	8：1
2	1951－1952	新加坡	12	馬來西亞	美國	7：2
3	1954－1955	新加坡	21	馬來西亞	丹麥	8：1
4	1957－1958	新加坡	19	印尼	馬來西亞	6：3
5	1960－1961	雅加達(印尼)	19	印尼	泰國	6：3
6	1963－1964	東京(日本)	26	印尼	丹麥	5：4
7	1966－1967	雅加達(印尼)	23	馬來西亞	印尼	6：3
8	1969－1970	吉隆坡(馬來西亞)	25	印尼	馬來西亞	7：2
9	1972－1973	雅加達(印尼)	23	印尼	丹麥	8：1
10	1975－1976	曼谷(泰國)	26	印尼	馬來西亞	9：0
11	1978－1979	雅加達(印尼)	21	印尼	丹麥	9：0
12	1981－1982	倫敦(英國)	26	中國	印尼	5：4
13	1984	吉隆坡(馬來西亞)	34	印尼	中國	3：2
14	1986	雅加達(印尼)	38	中國	印尼	3：2
15	1988	吉隆坡(馬來西亞)	35	中國	馬來西亞	4：1
16	1990	東京(日本)	53	中國	馬來西亞	4：1
17	1992	吉隆坡(馬來西亞)	54	馬來西亞	印尼	3：2
18	1994	雅加達(印尼)	51	印尼	馬來西亞	4：1
19	1996	香港(中國)	59	印尼	丹麥	5：0
20	1998	香港(中國)	59	印尼	馬來西亞	3：2
21	2000	吉隆坡(馬來西亞)	59	印尼	中國	3：0
22	2002	廣州(中國)	59	印尼	馬來西亞	3：2
23	2004	雅加達(印尼)	59	中國	丹麥	3：2
24	2006	東京(日本)	12(決賽隊)	中國	丹麥	3：0
25	2008	雅加達(印尼)	12(決賽隊)	中國	韓國	3：1

表 2　歷屆尤伯杯冠、亞軍隊

屆次	年份	地點	參加國家和地區	冠軍	亞軍	決賽成績
1	1956－1957	利瑟姆·蘭開夏聖安民（英國）	11	美國	丹麥	6：1
2	1959－1960	費城（美國）	14	美國	英國	5：2
3	1962－1963	威爾明頓（美國）	11	美國	英國	4：3
4	1965－1966	惠靈頓（紐西蘭）	17	日本	美國	5：2
5	1968－1969	東京（日本）	19	日本	印尼	6：1
6	1971－1972	東京（日本）	17	日本	印尼	6：1
7	1974－1975	雅加達（印尼）	14	印尼	日本	5：2
8	1977－1978	奧克蘭（紐西蘭）	16	日本	印尼	5：2
9	1980－1981	東京（日本）	15	日本	印尼	4：3
10	1983－1984	吉隆坡（馬來西亞）	23	中國	印尼	5：0
11	1986	雅加達（印尼）	34	中國	印尼	3：2
12	1988	吉隆坡（馬來西亞）	31	中國	韓國	5：0
13	1990	東京（日本）	42	中國	韓國	3：2
14	1992	吉隆坡（馬來西亞）	44	中國	韓國	3：2
15	1994	雅加達（印尼）	44	印尼	中國	3：2
16	1996	香港（中國）	50	印尼	中國	4：1
17	1998	香港（中國）	50	中國	印尼	5：0
18	2000	吉隆坡（馬來西亞）		中國	印尼	5：0
19	2002	廣州（中國）		中國	韓國	4：1
20	2004	雅加達（印尼）		中國	韓國	3：1
21	2006	東京（日本）		中國	韓國	3：1
22	2008	雅加達（印尼）		中國	印尼	3：0

二、羽毛球運動場地與器材

(一)場地、球網與網柱

1.場　地

　　羽毛球場地長為 1340 公分，雙打場地寬為 610 公分、單打場地寬為 518 公分，如圖 1、圖 2 所示。

　　用白色或黃色畫線，中線寬 4 公分，平均畫在左、右發球區；前後發球線寬 4 公分，畫在發球區長度 396 公分以內；所有其他邊線的寬度為 4 公分，一律畫在規定的場地面積以內。

　　測試正常球速區域的 4 個 4 公分 × 4 公分的標記應畫在雙方單打右發球區邊線內沿，距離端線外沿 53～57 公分，以及 95～99 公分。

　　按國際比賽（國際羽聯）規定，整個球場上空高度不得低於 9 公尺，在此高度之內不得有任何橫樑或其他障礙物，球場四週 2 公尺以內不得有任何障礙物。任何並列的兩個球場之間，最少應有 2 公尺的距離。球場四周的牆壁最好為深色，不能有風。

　　國際重大比賽必須嚴格按上述規定執行。一般比賽，如場地條件不完全符合標準時，經有關部門批准可以改變。

二、羽毛球運動場地與器材

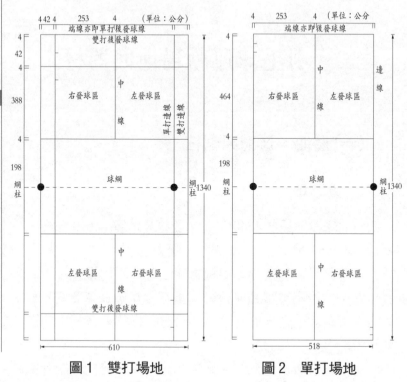

圖1　雙打場地　　　　　　圖2　單打場地

2. 球　網

　　羽毛球網長610公分、寬76公分，用優質深色的天然或人造纖維製成，網孔大小在15～20毫米之間，網的上緣應縫有一道寬75毫米的對折白布邊，用繩索或鋼絲繩穿起來，適當拉緊，使之和網柱頂端取平。

3. 網柱及網高

　　從球場地面算起，網柱高1.55公尺，即網高為1.55公

尺。網柱應放置在雙打球場的邊線上，球網中部上沿離地面高 1.524 公尺。如不能設置網柱，則必須採用其他辦法標誌出邊線通過網下的位置。

（二）球與球拍

1. 羽毛球

羽毛球可採用天然材料或人造材料或兩者混合製成。

（1）樣式規格

羽毛球應用 16 根羽毛插在半球形的軟木球托上。軟木托直徑為 25～28 毫米，托底為圓形，包有一層白色薄皮革或類似材料製成的皮。羽毛從托面至羽毛尖長 62～70 毫米。羽毛上端圍成圓形，直徑為 58～68 毫米。在球托上 1.25 公分和 2.5 公分處，用線或其他材料將羽毛紮牢，一般比賽也可用泡沫頭製成的球或尼龍球。

（2）重　量

球重應為 4.74～5.50 克。

（3）飛行速度

當運動員從端線用低手充分向前上方擊球與邊線平行，球能落到另一端線線內 53～99 公分之間，則應認為此球的飛行速度正常。

在一般業餘比賽或非正式比賽中，當球過輕或過重、球速過慢或過快時，經過主辦單位同意，可採用如下措

施，使球的飛行速度變為正常：當球過輕、球速過慢時，可在球托內中間位置加 1～2 個小釘子，以增加球托重量，使球速變快。也可向內翻折羽毛，縮小羽毛的口徑，以增快球速。

當球過重、球速過快時，可在球托中間挖去一部分軟木，以減輕球托重量，使球速減慢；也可向外翻折羽毛，增大羽毛的口徑，以減慢球速。

羽毛球有比賽用球和訓練用球之分，都是室內用球。比賽用的高級羽毛球大部分是用鵝毛製成，訓練用的中、低級羽毛球大部分是用鴨毛製成。室外訓練有時也用室內球，但用泡沫頭球及塑膠球較合適。

我國是羽毛球生產大國，品牌甚多，有些是屬全國比賽用球，品質均屬上等，可根據經濟條件和訓練環境加以選擇。

2. 球　拍

球拍總長度不超過 68 公分，寬不超過 23 公分，球拍框為橢圓形，拍弦面長不超過 28 公分，寬不超過 22 公分。球拍不允許有附加物和突出部。不允許改變球拍的規定式樣。球拍重在 78～120 克之間（不包括弦的重量）。拍框當中用羊腸線或化纖尼龍線穿織而成。球拍的一端有握把，把長 39.5～40 公分，直徑不得超過 2.8 公分。

要想從事羽毛球運動，首先要有一支稱心、適用、彈性好、輕重適宜的好球拍。目前市場上能購得的上弦的球拍，一般都是中低檔的，上弦不緊、球弦彈性品質差，致使球拍的彈性也較差，影響球的飛行速度和遠度。因此，

自己學會選拍、上拍弦，以及修補球拍的斷弦，不僅省時省錢，更重要的是更為稱心適用。

下面，對選拍、選拍弦作簡單的介紹。

（1）球拍的選購

目前，我國市場上出售的羽毛球拍式樣繁多，可歸納為4種類型：

第一種是全碳素外加鈦、奈米成分一體成型羽毛球拍，目前世界級選手及經濟條件許可的愛好者都使用這種類型的球拍，如現在國家隊使用的日產 YONEX 球拍，各省市隊使用的威克多、凱勝、波力、佛雷斯、富利特、偉士等國產名牌球拍；

第二種是中檔的碳素杆，拍框為鋁合金；

第三種是鋼杆鋁合金拍，為中低檔球拍；

第四種是鋼杆木框羽毛球拍和木製羽毛球拍。

在挑選球拍時，應根據個人的經濟條件和愛好選購不同檔次和型號的拍子，無須追求世界名牌產品。

一般來講，全碳素外加鈦、奈米成分一體成型的羽毛球拍，其性能差距不大，都較輕，彈性好，牢固性也好，可是價格差別很大。

有一定技術水準的選手或愛好者，如屬攻擊型者，使用的球拍可略重一些的，以增加攻擊威力；如屬守中反攻或防守型者，球拍可選略輕些的，以利於更靈活地揮拍防守。兒童一般以選用特製的兒童羽毛球拍為宜，其拍柄較細，以利握拍。

在選球拍時還要注意球拍的彈性，主要是看拍杆在掰

動時是否有一點兒彎度，幾乎沒有彎度的拍子其彈性差，不好用。由三通連接的球拍，如碳素杆加鋁合金框，其連接處較易斷裂或脫膠，因此，選拍時應仔細檢查：將球拍框輕微扭動一下，有響聲或鬆動的不宜選用。

（2）球弦的選購

羽毛球拍弦種類很多，主要有化纖弦、尼龍弦、羊腸弦、牛筋弦，目前市場上均有供應。化纖弦是最常用的高檔弦，如日產 YONEX 牌 BG65-90 型弦、美國產的雅沙維弦、日產的戈杉弦等多種型號；北京產的羊腸弦彈性好，但易斷。尼龍弦是較低檔的球弦，其彈性一般，易隨氣候變化而熱脹冷縮，但價格相對便宜。

三、羽毛球運動基本技術

(一)握　拍

　　要想打好羽毛球，必須重視握拍方法，如果握法不正確，雖能將球擊出，但擊球費力而且不遠，擊球範圍也小。因此在初學打羽毛球時，要用一些時間學習和掌握正確的握拍方法，以下介紹幾種。

1. 一般握拍法

(1) 正手握拍法

　　正確的正手握拍法（以右手持拍為例，下同），首先用左手拿住拍杆，使拍面與地面成垂直狀，然後，張開右手，以握手狀把拍柄握住，使手掌小魚際部分靠在球拍握柄底把，虎口對著拍柄窄面內側的小棱邊（圖3），拇指與食指自然地貼在拍柄兩面的寬面上，中指、無名指和小指自然併攏握住拍柄，食指與中指稍微分開，掌心不要貼緊拍柄，要留有空隙（圖4）。這樣，有利於手腕力量和手指力量的發力及靈活運用。

　　在擊球之前，握拍要放鬆、自然，不能握得太緊，就如抓小鳥一樣，太緊會捏死小鳥，太鬆小鳥會飛走。總之，放鬆、自然地握住拍柄，在擊球的一瞬間才緊握球拍

圖3　　　　　　　　　　　圖4

發出力量,完成擊球動作。

(2)反手握拍法

反手握拍法有如下兩種形式:

第一,在正手握拍的基礎上,把球拍稍微外旋,拇指上提,食指收攏,拇指壓住拍框的寬面,食指、中指、無名指和小指併攏(圖5)。

第二,在正手握拍的基礎上,把球拍稍微外旋,拇指上提,食指收攏,拇指壓住拍框的內側小棱邊,食指、中指、無名指和小指併攏(圖6)。

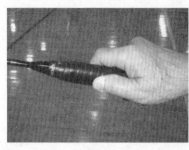

圖5　　　　　　　　　　　圖6

當然，手腕爆發力極強的選手也可不改變正手握拍手法打反拍球。但是，一般用反拍握拍法擊反拍球更為省力，效果也好。

2. 特殊握拍法

上述正常的正、反手握拍法對於擊高球、吊球、殺球、反手球、挑球、推球、抽球、擋球等比較用力擊球的動作較為適宜。在特殊情況下，如網前的封網技術、搓球、勾球、撲球、撥球、接殺勾球及被動放網球時可採用特殊握拍法。如封網前球時，則拍面與地面平行，虎口對準拍柄的寬面，其他手指與正常握拍法相同，這種握拍法也稱之西方握拍法（圖7）。

雙打時站在網前的封網者，使用這種握拍法是可以的，也是有利的；如果退至後場回擊球時仍採用這種握拍法，則會在很大程度上限制扣殺和打高球的發力。又如在處理網前搓球、撲球、撥球、勾球時，以及正、反手接殺勾對角球和正、反手網前被動放網前球時，一般都採用正常握拍法，但手指及掌心的空隙等有細微的改變，以使擊球更富靈活性、一致性和威脅性。

圖 7

3. 握拍易犯的錯誤

第一，握拍手的虎口沒有對著拍柄窄面內側的小棱邊。

第二，握拍時手指靠得太緊，像是握拳頭。

第三，掌心與拍柄之間完全沒有空隙。

第四，食指伸直按在拍柄上。

第五，握得太緊，以致手腕僵硬，不利於發力。

第六，握的位置太靠上，柄端露出太長，影響殺球動作。

第七，用同一種握拍法去處理各種球，不利於提高擊球的靈活性和威脅性。

(二) 發　球

發球既是羽毛球運動的一項重要的基本技術，也是戰術的重要組成部分。

發球品質往往直接影響到一個回合比賽的主動與被動，故初學者應充分重視發球技術的訓練。

發球有兩種形式，一是正手發球，二是反手發球。

正手發球可發高遠球、平高球、平射球和網前球；反手發球由於受揮拍距離較短的限制，無法發高遠球，只能發平高球、平射球和網前球。

不管採用哪一種發球形式，均要求發球動作協調一致，有突變性，而且落點及弧度要準確多變，幾種發球的弧度和落點如圖8所示。要根據戰術需要採用各種發球以達到戰術目的。

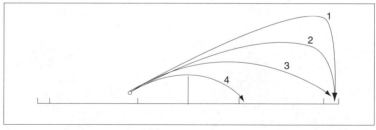

1. 高遠球　　2. 平高球　　3. 平射球　　4. 網前球

圖 8

1. 正手發高遠球

（1）正手發高遠球的動作要領

① 發球站位：站在靠中線距離前發球線 1 公尺之內，有時也可站在靠近前發球線處，發球後再退至中心位置。

② 發球準備姿勢：左腳在前，腳尖朝向球網；右腳在後，腳尖朝向右斜前方。兩腳間距離約與肩同寬，重心在兩腳之間，自然放鬆站立，身體稍側向球網。右手正手握拍，自然屈肘舉於身體右側；左手以拇指、食指和中指輕持球，舉在胸前，兩眼注視對手的站位、姿勢、表情，如圖 9 所示。

圖 9

圖 10

圖 11

③ **發球引拍動作**：身體稍向左轉，形成左肩向球網，身體重心轉移至右腳；右臂向右後上方擺起，完成引拍動作，如圖 10 所示。

④ **發球揮拍擊球動作**：完成引拍動作之後，緊接著身體重心隨著上體由側面轉向正面而前移至左腳，右腳跟提起（圖 11），上體微微前傾，右前臂向側下方揮動至上體由側面轉向正面時，左手開始放球。此時，腕部動作儘量伸展，做最後擊球動作，右前臂完成向側下方揮動後，緊接著往上方揮動（圖 12）。此時前臂內旋，使腕部動作由伸展至微屈；擊球瞬間，手指緊握球拍，完成閃腕動作，球拍擊到球時拍面成正拍面擊球，完成揮拍擊球動作。

⑤ **隨前動作**：完成擊球動作之後，右前臂繼續內旋，並隨著揮拍的慣性，自然向左肩上方揮動（圖 13），然後

圖12　　　　　　　　　圖13

回收至胸前，並將握拍調整成正手握拍形式。

（2）正手發高遠球的技術性能

發高遠球首先要發得高，標準是接發球者在接球時，球是垂直下落的；其次要遠，標準是垂直下落的落點在底線處。初學者一般達不到此要求，必須經過嚴格訓練才能準確掌握發球的弧度及落點。

發高遠球發得好，可以延緩對方的進攻速度和加大對方回擊時的困難，從而減少對本方的威脅。

（3）正手發高遠球易犯的錯誤

① 握拍錯誤：握得太緊，無法產生爆發力，故達不到發高遠球之目的。

② 站位錯誤：兩腳平站，身體正面對網，兩眼盯著球。

③ 引拍錯誤：由於站位錯誤，造成引拍時身體無法稍向右轉，身體重心也無法轉移，右臂不是向右後上方擺起而是向後方擺，無法形成較好的發力機制。

④ 揮拍擊球錯誤：肘關節伸得太直，腕部動作未伸展，揮拍時動作僵硬，揮拍與放球時間不協調，擊球點離身體太近或太遠、太左或太右，導致擊球時不是正拍面擊中球，而是切面擊球，擊球點超過腰部，擊中球的瞬間無法產生較大的爆發力。

⑤ 隨前動作錯誤：發球後很快進行動作制動，沒有隨慣性揮向左肩上方，而是揮向右肩上方，回收動作後未及時進行握拍調整。

要發好高遠球需要認真學習，糾正以上錯誤。

2. 正手發平高球

（1）正手發平高球的動作要領

發球站位、準備姿勢、引拍動作、揮拍擊球動作與發高遠球動作基本一致，只是在擊球一瞬間不是產生最大的向前上方揮動的爆發力而是產生有控制力量的發力。隨前動作也不必向左肩上方揮動，可以在擊到球之後便制動，隨前動作不必那麼高，在胸前即可。

（2）正手發平高球的技術性能

發平高球的弧度比高遠球低，以對方起跳無法擊到球

的弧度為宜，落點也應落在底線處。此種發球球在空中飛行的速度比高遠球快，是一種進攻性極強的發球。

（3）正手發平高球易犯的錯誤

與發高遠球易犯的錯誤相同。另外，在隨前動作中才制動也是易犯的錯誤，應該在擊球後便制動。

3. 正手發平射球

（1）正手發平射球的動作要領

發球站位可比發高遠球和平高球稍靠後一些，這樣可使發出球的弧度較平。其他準備姿勢、引拍動作、揮拍擊球動作與發高遠球基本一致，只是在揮拍至擊球一瞬間前臂內旋動作不明顯，揮拍線路不是向上方而是向前方，腕部動作也由伸展至微屈，但方向不是向上微屈，而是向左側前方微屈的快而小的閃腕動作。

（2）正手發平射球的技術性能

顧名思義，發「平射」球即又平又快的發球，落點一般在後場3號區（即在後發球區靠中線處）。這種發球對於反應慢、站位偏前且離中線較遠、後場靠底線區有明顯空檔、動作幅度較大及擺速較慢的對手，是一種很有威脅性的發球技術。

（3）正手發平射球易犯的錯誤

大致與發高遠球、平高球類似，不同的是爆發力量不

易控制，易造成發球出界；路線離接發者太近，易被對手攻擊。此外，還應特別注意出現「過手」與「過腰」的違例動作。

4. 正手發網前球

（1）正手發網前球動作要領

發球站位比發高遠球更靠前發球線。準備姿勢如圖 14 所示，引拍動作如圖 15 所示，揮拍、擊球動作如圖 16、17 所示。發網前球與發高遠球基本一致，但引拍時不必過多向右轉（見圖 15），揮拍時前臂揮動的弧度小些（見圖 16），腕部伸展也小些。因為是發網前球，球飛行距離最短，故在擊球一瞬間不必用大的爆發力，而是做有控制的

圖 14　　　　　　　　　　圖 15

圖 16

圖 17

發力即可,球拍接觸球時可從右向左斜面切削擊球(見圖17),控制好球飛行過網的弧度及落點,隨前動作不必向左肩上方揮動,可以在擊到球後便做制動(圖18),在胸前回收即可。

圖 18

實線表示較好的發球；虛線表示不符合要求的發球

圖19

（2）正手發網前球的技術性能

發網前球要求在技術上達到球飛行過網後即下落，落點在前發球線內。另一種叫發網前前衝球，一般在單打發球搶攻中使用較多，球過網後還有一定速度前衝，但不繼續向上飛行，是向前之後向下，落點離前發球線遠些，並直沖接發球者。總之，球過網之後不能繼續向上飛行，而應立即向下或向前一小段後向下飛行（圖19）。這是最重要的技術性能。

（3）正手發網前球易犯的錯誤

① 握拍太緊，以致不能控制發力及緩衝，難以把球發得過網很低。

② 站位錯誤。除了與發高遠球類似外，站位太後也不利於發好網前球。

③ 揮拍擊球時不是從右向左斜面切削擊球，而是像發高遠球一樣擊中球托，向上揮拍擊球，這樣擊球不易控制飛行弧度，球過網後往往還向上飛行。

④ 擊球點超過腰部的違例動作，及拍框上緣部分超過腕部的過手違例動作，均屬於必須糾正之範圍。

5. 反手發網前球

（1）反手發網前球的動作要領

① 發球站位：站在靠中線，距前發球線較近的位置上。

② 發球準備姿勢：面向球網，右腳在前，左腳在後並提起腳跟，重心放在右腳，上體稍微前傾。右手反手握拍，左手拇指和食指捏住羽毛，球托向下，斜放在拍面前面（圖20）。為了縮短球拍的力臂，以便更好地控制發球時的發力，握在拍柄的前端，肘關節抬起，手腕前屈。

③ 揮拍擊球動作：揮拍擊球時，球拍稍微向後擺（圖21），並不停頓地接著向前揮動。前臂向斜前上方推送，

圖20   圖21

圖22

同時，帶動手腕由屈到微伸而向前擺動，並利用拇指的頂力，輕輕地「切」擊球托的側後部。

④ 隨前動作：擊球後，前臂上擺至一定高度即停止（圖22）。

（3）反手發網前球的技術性能

與正手發網前球的技術性能相同。

（4）反手發網前球易犯的錯誤

① 站位太靠後，不易把球發好。
② 有「過腰」「過手」的違例動作。

6. 反手發平高球

（1）反手發平高球的動作要領

發球站位、發球準備姿勢、揮拍擊球動作及隨前動作均與反手發網前球相同，只不過在擊到球之一瞬間不是輕輕地「切」擊球托的側後部，而是手腕由屈突然變直，向前上方揮動，讓球突然飛越接發球者，飛向後發球線。

（2）反手發平高球的技術性能

與正手發平高球技術性能相同，只是此種發球的隱蔽性要比正手發平高球好，威脅也更大。

（3）反手發平高球易犯的錯誤

① 站位太靠後。

② 發力之時上提了拿球的手，造成「過腰」「過手」的違例動作。

7. 反手發平射球

（1）反手發平射球的動作要領

發球站位、發球準備姿勢、揮拍擊球動作及隨前動作均與反手發網前球相同，只不過在擊球瞬間突然發力擊球托後部，讓球以較快的速度、較平的弧線飛向接發球者的後場靠近中線區域。

（2）反手發平射球的技術性能

與正手發平射球技術性能相同，只是此種發球的隱蔽性更好，威脅性也更大。

（3）反手發平射球易犯的錯誤

① 站位太靠前，以致無法達到發平射球的要求，易發球下網。

② 發力時上提拿球的手，造成「過腰」「過手」違例。

(三)接發球

接發球是羽毛球運動的一項重要基本技術。接發球品質往往直接影響一個回合開始的主動與被動，應充分重視接發球技術的訓練。

1. 接發球的準備姿勢

(1)單打接發球準備姿勢

左腳在前，右腳在後，側身對網，重心放在前腳，膝關節微屈，後腳跟稍提起，收腹含胸，注視對方發球的動作。

(2)雙打接發球準備姿勢

與單打基本相同，膝關節屈的程度更大一些，以便能直接進行後蹬起跳。也有個別人接發球的準備姿勢是以右腳在前、左腳在後。

2. 接發球的站位

接發球站位很重要，如有錯誤，會出現明顯的漏洞，有可能給發球方以運用發球搶攻戰術的好時機，因此，應予重視。

(1)單打接發球站位

站在離前發球線約 1.5 公尺處，在右區時應站在靠近中線的位置，以防發球方以平射球攻擊頭頂區域；在左區時則站在中線與邊線的中間的位置上。

（2）雙打接發球站位

雙打接發球站位比單打更有講究，有一般站位法、搶攻站位法、穩妥站位法和特殊站位法4種。

① 一般站位法：站在離中線和前發球線適當的距離處。在右區時，注意不要把右區的後場靠中線區暴露出來；在左區時，注意保護頭頂區。這種站位，女隊員和一般不是搶攻打法的男隊員採用者居多。

② 搶攻站位法：站得離前發球線很近，前腳緊靠前發球線，且身體傾斜度較大，球拍高舉。這種站法，進攻型打法的男隊員採用者居多。

③ 穩妥站位法：站在離前發球線有一定距離處，身體類似單打站法。這種站法是在無法適應對方發球情況下採用的過渡站位法，一般業餘選手雙打時多採用。

④ 特殊站位法：此種站法是以右腳在前，站位和一般站位法類似，接網前球時右腳蹬一步上網擊球。

(四)擊　球

羽毛球運動的擊球，即把對方打出的各種弧度的來球，回擊到預想的戰術位置上。

擊球法按拍面的不同，可分為正拍面擊球法和反拍面擊球法兩種；按擊球點與身體部位的不同，可分為上手、體側和下手擊球法。綜合這兩種分法，有以下多種擊球方法。

1. 高遠球擊球法

這種擊球法是從球場的任何一點，以較高的弧度將來

球回擊到對方的底線區。這種球在空間滯留的時間長，逼使對方退至底線才能回擊，利於我方調整好站位，調動對方的位置，減弱其攻擊力。

以單打技術為例，高遠球可分為上手正手擊高遠球，上手反手擊高遠球，上手頭頂擊高遠球；下手正手底線擊被動高遠球，下手反手底線擊被動高遠球；下手正手網前被動挑高遠球，下手反手網前被動挑高遠球；下手中場正手挑高遠球，下手中場反手挑高遠球。

（1）上手正手擊高遠球

① 準備動作要領：左腳在前，右腳在後，側身使左肩對網，兩腳間距與肩同寬，重心在後腳，右手握拍屈臂舉拍於右側，左手自然上舉，眼睛向上注視來球，使拍面對著球網（圖23）。

② 引拍動作要領：球拍上提並後引，使軀幹成微微的反弓形。同時，身體向左轉動或面向球網。此時，右肘上提，使拍框在身後下擺，形成引拍的最長距離（圖24、25）。

③ 揮拍擊球動作要領：揮拍擊球動作從後腳後蹬開始，緊接著轉體、收腹，肘部向前擺動，並以肘為軸，以肩為支撐點，前臂旋內加速向前上方揮動。在擊球的一瞬間，主要依靠前臂、手腕和手指的協調用力，取得最佳的速度（手腕的爆發力在揮拍過程中產生較大的揮拍速度）。此時，手腕在內收的狀態下迅速屈腕，並握緊拍柄，運用拇指和食指的頂、壓動作，產生出最大的爆發力（圖26）。擊球點在右肩上方，持拍手臂在幾乎伸直的情

圖 23

圖 24

圖 25

圖 26

圖 27

況下，以正拍面擊中球托底部，將球擊出。左手協調地降至體側，協助轉體動作。

④ 隨前動作要領：擊球後，右手順勢向左下方減速擺臂，最後回收至體前（圖27）。身體重心迅速左轉至體前，右腳向前回動一小步，為下一步回中心做好準備。

上手正手擊高遠球易犯的錯誤

第一，準備姿勢易犯的錯誤：握拍太緊，手臂伸得太直，兩腳平站，身體正面對網，以致無法產生側身轉體的一連串發力動作。

第二，引拍動作易犯的錯誤：身體太直，拍框無法在身後下擺，而是立即上舉，肘部未屈，伸得太直，無法形成揮拍動作的最長距離，也無法產生更大的爆發力。

第三，揮拍擊球易犯的錯誤：由於前兩個環節的錯誤，必然造成揮拍擊球時只能以肩為軸，靠「推」的動作擊球，無法產生而且不會利用肩、肘、腕以及腰、髖、膝相繼發力產生的「鞭打」爆發力。在手腕內收狀態下的屈腕動作，出現被稱為「推球」的錯誤動作。總之，擊球時，全身用力不協調。

第四，隨前動作易犯的錯誤：擊球後，球拍不是順慣性向左下方揮動並回收至體前，而是向右下後方揮動，影響身體重心的回動，步法上也無法回動。

上手正手擊高遠球是上手動作的基礎，不掌握好這一基礎動作必將影響吊球、殺球動作的品質。上手正手擊高遠球時為了爭得擊球時間更快，擊球點更高，可採用跳起擊球，但初學者一般應以不起跳擊球為宜。

（2）上手反手擊高遠球

① 準備動作與引拍動作要領：當對方擊來反側球，我方採用反手回擊高遠球時，應迅速將身體轉向左後方，右腳向左腳併一步，然後左腳向後邁一步，緊接著右腳向左前跨一大步即到位（圖28、29）。此時，身體背對球網，

圖28　　　　　　　　　圖29

身體重心在右腳上，步法移動到位時，球在右肩上方。步法移動中要立即由正手握拍轉換成反手握拍，上臂平舉屈肘，使前臂平放於胸前，球拍放至左胸前，拍面朝上，完成引拍動作。

② 揮拍擊球動作要領：上臂迅速向上擺，前臂快速向右斜上方擺，手腕迅速回環伸展，拇指頂壓拍柄，使產生爆發力，以正拍面擊球托後下部，身體重心從右腳轉至左腳，並迅速轉體回動（圖30、31）。

③ 隨前動作要領：擊球後，身體隨重心的轉移回動成正面對網。前臂內旋，使球拍恢復至正常位置，恢復正手握拍（圖32、33）。

上手反手擊高遠球易犯的錯誤

第一，準備及引拍動作易犯的錯誤：步法移動不到位，擊球點控制不好，握拍太緊，而且未能及時改變握法，引拍動作無法形成揮拍的最長距離，限制了爆發力的發揮。

第二，揮拍擊球動作易犯的錯誤：由於握拍太緊，以及引拍動作的錯誤，無法產生鞭打力量，擊球時全身用力不協調，擊球點太低，而且也未能擊在球拍的「甜點」上，不是以反拍正拍面擊球，而是帶切拍擊球。

第三，隨前動作易犯的錯誤：擊球後轉體回動太慢，造成回中心的速度太慢。

（3）上手頭頂擊高遠球

① 準備、引拍、揮拍擊球動作要領：與上手正手擊高遠球基本一致，不同的是做準備動作時側身稍向左後仰，擊球點在左肩或頭頂左後上方。擊球時上臂帶動前臂，揮

圖 30

圖 31

圖 32

圖 33

拍使球拍繞過頭頂，從左上方加速揮動擊球，而且前臂的內旋動作更明顯。左腳後蹬幅度較大，收腹動作較明顯，以利更快地回動（圖34、35）。

② 隨前動作要領：由於擊球時前臂內旋較明顯，故慣性較大。球拍減速的方向是向右前下方（圖36），最後回收、回動（圖37）。

上手頭頂擊高遠球易犯的錯誤

第一，準備與引拍動作易犯的錯誤：開始移動步法時，未先做一個大側身步，造成移動不到位，身體重心太偏離落球點，只能用大幅度側彎腰的動作去擊球，造成擊球點不正確，引拍動作無法形成揮拍動作的最長距離，不利於爆發力的發揮。

第二，擊球動作易犯的錯誤：握拍太緊，前臂內旋動作不明顯，造成擊球品質差或擊球出邊界的現象。

第三，隨前動作易犯的錯誤：左腳後撤幅度太小，造成身體後仰，不利迅速回動。

以上3種上手擊高遠球動作是後場最基本的擊球法，因此，初學者要認真學習並正確掌握。其他如平高球、平射球、吊球、殺球均以上述3種為基礎演變而成。

（4）下手正手底線擊被動高遠球

① 準備、引拍動作要領：右腳後撤一步，緊接著左腳後交叉，右腳做蹬跨大步到位，重心在右腳上。在步法移動中，球拍從胸前經右下方後擺至右肩上，再把拍子後擺引伸到右後下方，手腕儘量後伸，前臂有些外旋（圖38—41）。

圖 34

圖 35

圖 36

圖 37

圖 38

圖 39

圖 40

圖 41

圖 42

圖 43

②**揮拍動作要領**：在前臂內旋向前揮拍的同時，手腕屈收以產生較大的爆發力將高遠球擊至對方底線（圖42）。

③**隨前動作要領**：擊球之後，拍框隨慣性揮至左髖部後恢復至右後方（圖43）。此時，左腳跟進一小步，同時身體左轉回動。

下手正手底線擊被動高遠球易犯的錯誤：

第一，準備、引拍動作易犯的錯誤：起動、移動太慢，蹬跨步太小，造成移動不到位。球的落點太靠近身體，不利於揮臂發力。引拍動作未能形成揮拍的最長距離，不利於產生爆發力。

第二，擊球動作易犯的錯誤：握拍太緊，揮拍不是由右後方以正拍面向前揮動擊球，而是由右後上方往前下方切擊揮動，造成擊球品質差或擊球出邊界的現象。

第三，隨前動作易犯的錯誤：擊球後，未能隨慣性揮拍至左髖部，而是由右後上方往前下方揮動。

（5）下手反手底線擊被動高遠球

① 準備、引拍動作要領：隨著上體左後轉，左腳尖轉向左後方的同時，右腳向左腳併一步後，左腳向左後跨一步，右腳再向左後跨一大步到位。在步法移動的過程中，球拍由身前經左上方引至右後下方（圖44—46）。

② 擊球動作要領：前臂外旋，擊球瞬間手腕伸展發力，擊球托的後下部（圖47），拍面向前上方揮動。

③ 隨前動作要領：擊球之後，上身直起並向右回轉，左腳跟進一步，右腳向右前方跨一步，左腳跟進一步回位。球拍回收至胸前（圖48—50）。

下手反手底線擊被動高遠球易犯錯誤

第一，準備、引拍動作易犯的錯誤：起動、移動太慢，最後跨步步幅太小，造成移動不到位。球的落點太靠近身體，不利於揮臂發力。引拍動作未能形成揮拍的最長距離，不利於產生爆發力。

圖 44

圖 45

三、羽毛球運動基本技術

圖 46

圖 47

圖 48

圖 49

圖 50

第二，擊球動作易犯的錯誤：握拍太緊，造成前臂外旋和手腕伸展不充分，不能產生較大爆發力。

第三，隨前動作易犯的錯誤：左腳未能迅速跟進一小步，上身直立並右轉太慢，造成回動太慢。

（6）下手正手網前被動挑高遠球

① 準備、引拍動作要領：左腳墊步前移，右腳向正手網前跨一大步，右腳尖稍朝外。球拍前伸，前臂外旋，手腕伸展，將拍子引至右側下方（圖51—53）。

② 擊球動作要領：前臂內旋，屈腕發力，以正拍面擊球托的後下部，並向前上方揮動（圖54）。

圖51

圖52

圖 53

圖 54

③ 隨前動作要領：擊球之後，球拍向前上方揮動並制動，用墊步迅速回位。

下手正手網前被動挑高遠球易犯的錯誤

第一，準備、引拍動作易犯的錯誤：起動和移動太

慢，蹬跨步太小，右腳尖朝內，造成移動不到位，引拍動作未能形成揮拍的最長距離，不利產生爆發力。

第二，**擊球動作易犯的錯誤**：握拍太緊，不能產生較好的爆發力，未以正拍面擊球。

第三，**隨前動作易犯的錯誤**：擊球之後，球拍未制動，揮得太高。未能迅速回動而是向前跟進。

（7）下手反手網前被動挑高遠球

① **準備、引拍動作要領**：左腳向左前移一小步，同時，上體稍側左轉，左腳後蹬，右腳向左前方跨一大步到位。球拍由身前引向左下方，拍面朝上，上體前屈（圖55—57）。

② **擊球動作要領**：左腳跟進一小步，形成穩定的弓箭

圖55　　　　　　　　　　圖56

圖 57

圖 58

步，手腕由外展至內收，由微屈至伸，手臂由下向上揮動擊球。挑球時應注意，如來球離網較遠時，拍面和揮拍動作按圖 58 所示向前上方揮動擊球；如果球離網較近時，拍面應以由下向上提拉的動作揮動擊球。

③ 隨前動作要領：左腳跟進一小步，身體重心上提，

圖 59

球拍隨慣性向前上方減速，身體恢復至準備動作時的姿勢（圖 59）。

下手反手網前挑高遠球易犯的錯誤

第一，**準備、引拍易犯的錯誤**：起動、移動太慢，左腳未先移一小步，右腳立即向前蹬跨一大步，造成移動不到位，引拍動作未能形成揮拍的最長距離。拍面不是朝上，而是朝網。手腕形成明顯的屈腕動作，不利於產生爆發力。上體太直。

第二，**擊球動作易犯的錯誤**：由於引拍動作的錯誤，造成擊球時發力不佳。來球近網時，提拉動作向上不夠，造成下網。

第三，**隨前動作易犯的錯誤**：左腳跟進一大步，身體重心上提不夠，造成向前太多，回位太慢。

圖 60

（8）下手中場正手挑高遠球

① 準備、引拍動作要領：右腳向右側跨出一步，根據來球位置決定跨步大小，到位擊球。隨步法移動的同時，右上臂稍向右後擺，前臂稍帶外旋，手腕後伸到最大限度，形成揮拍的最長距離（圖60—62）。

② 擊球動作要領：右前臂向前略有外旋地快速揮動，手

圖 61

圖 62

腕在擊球瞬間由後伸至快速屈收，拍面向上方揮動（圖63）。

③ 隨前動作要領：擊球後，前臂揮至體前上方，然後回動至準備姿勢（圖64、65）。

圖63

圖64

圖65

圖 66

圖 67

下手中場正手挑高遠球易犯的錯誤

第一，準備、引拍易犯的錯誤：右腳未向右側跨出一步，而是上體向右側傾斜，導致重心移動不到位，引拍動作未能形成揮拍的最長距離。

第二，擊球動作易犯的錯誤：前臂向前外旋不充分，手腕快速屈收不夠，拍面向上揮動不夠，造成球向上飛行的弧度未能達到高遠球的要求。

（9）下手中場反手挑高遠球

① 準備、引拍動作要領：左腳向左側跨出一步到位，上體稍向左後側轉，球拍引至左側後，前臂稍有內旋，拍面朝上（圖 66、67）。

② 擊球動作要領：在前臂往前揮動的同時，手腕由外

圖 68

展至內收伸腕，手指突然緊握
拍柄，以產生的爆發力擊球托
的後底側部，使球向上飛行
（圖 68）。

　③隨前動作要領：擊球
後，球拍隨身體的回轉回動至
胸前（圖 69）。

　下手中場反手挑高遠球易
犯的錯誤

　第一，準備、引拍動作易
犯的錯誤：上體左後側轉不充
分，使得球拍無法引至左側
後，拍面不能朝上，引拍動作
未能形成揮拍的最長距離。

圖 69

第二，擊球動作易犯的錯誤：手腕的屈伸發力不夠，擊中了球托後底部，以致球飛行線路比較平直，達不到擊高遠球的要求。

第三，隨前動作易犯的錯誤：上體的回轉回動和球拍的回收太慢，影響下一回合的準備。

以上介紹的是單打上手、下手、中場球回擊高遠球的動作要領與易犯的錯誤，這些基本技術是羽毛球運動的最基礎的手法和步法，初學者必須嚴格按動作要領練好基本功，糾正易犯的錯誤，使基本技術正確、規範，為進一步提高打下良好基礎。

2. 平高球擊球法

從球場的任何一點，以一定的弧度將來球回擊到對方的底線區，這種球在空間的飛行時間比高遠球短，飛行速度比高遠球快，其弧度以能超過對方跳起擊球的高度為準。對方必須有較快的反應、起動與移動速度，否則就將陷入被動。這是一種在較主動情況下運用的主動進攻的擊球技術，為我方更有力地進攻創造機會。其中高遠球與平高球、平射球的拋物線如圖 70 所示。

平高球可分為上手正手擊平高球、上手反手擊平高球和上手頭頂擊高遠球 3 種。

（1）平高球擊球動作要領

準備、引拍、隨前的動作要領與高遠球擊球動作基本一致，只是在擊球瞬間拍面與地面幾乎成垂直，並擊球托的後下部，使球飛行速度快，拋物線平。

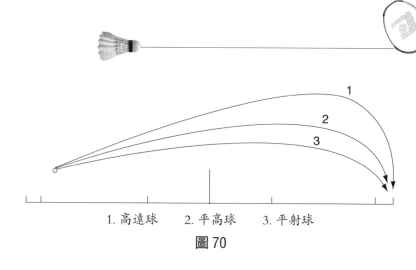

1. 高遠球　　2. 平高球　　3. 平射球

圖70

（2）平高球擊球易犯的錯誤

由於平高球擊球動作要領與高遠球擊球動作要領基本一致，因此易犯的錯誤也有共同點。另外，平高球還會出現飛行速度慢和拋物線稍高等情況。

3. 平射球擊球法

平射球在空中的飛行時間比平高球更短，飛行速度更快，特別是正手直線平射球威脅性更大些，對一些反應起動慢、腰部柔韌性不好的對手威脅更大。但是，平射球只適用於兩邊線直線球，不宜用於對角線球。

平射球可分為上手正手擊平射球、上手反手擊平射球和上手頭頂擊平射球。

（1）平射球擊球動作要領

準備、引拍、擊球、隨前動作的要領：與擊高遠球基本一致，不同的是在擊球瞬間拍面與地面成垂直，並擊中球托的後中下部，使球的飛行弧度比平高球更平，速度更快。

（2）平射球擊球易犯的錯誤

擊平射球易犯的錯誤與高遠球易犯的錯誤相同，而且擊平射球還會出現飛行拋物線高、速度慢等錯誤。

4. 吊球擊球法

把對方擊來的後場高球，以向下的弧度回擊到對方的網前區，這種吊球可以調動對方的位置，以利我方組織進攻。

吊球可分為快吊（劈吊）、慢吊（輕吊、近網吊）、攔截吊 3 種，可用於正手、反手和繞頭頂擊吊球。

（1）正手快吊（劈吊）

① 準備、引拍、擊球、隨前動作要領：與擊高遠球的動作要領基本一致，只是在擊球一瞬間改變拍面的運行角度，如快吊對角網前，則使拍面向對角的方向減速揮動，並切擊球托的右側後下部，使球向對角網前直線快速飛行（圖 71、72）；如快吊直線，則使拍面由右上方向左上方（弧形）減速揮動，並輕切擊球托的正面後下部，使球向網前直線快速飛行（圖 73、74）。

② 易犯的錯誤：與擊高遠球易犯的錯誤基本相同，不同的是快吊對角時須切擊球托右側後下部，而不是正擊，手腕動作如下壓不明顯也是錯誤的；如快吊直線時須切擊球托正面後下部，而不是正擊。

（2）正手慢吊（輕吊、近網吊）

① 準備、引拍、擊球、隨前動作要領：與擊高遠球的

圖 71

圖 72

圖 73

圖 74

動作要領基本一致，只是在擊球瞬間改變拍面的運行角度，如慢吊對角網前，則使拍面向對角的方向減速揮動，並切擊球托右側的後下部，切擊的力量比快吊要輕，使球向對角網前成弧線飛行；如慢吊直線，則使拍面由右上方向左上方成弧形減速揮動，並輕切擊球托的正面後下部，使球向直線網前成弧線飛行。吊球的 3 種飛行弧度如圖 75 所示。

② 易犯的錯誤：與擊高遠球易犯的錯誤基本相同，不同的是對角時切擊的力量更小。若慢吊時過網路線過高，容易被對方上網撲殺。

（3）正手攔吊球

① 準備、引拍動作要領：準備時右腳在前，左腳在後，上體稍微向前傾，膝微屈，球拍自然持於胸前。當對方擊來正手後場平高球時，向右側身後退一步後，迅速起跳向右後側方躍起，此時，右臂自然向右上擺起至最高點。

② 擊球動作要領：擊球瞬間屈腕，使球拍輕輕地正面擊球托的後下部，使球在近網處落下（見圖 75）。

③ 隨前動作要領：由於擊球動作很輕，故球拍很自然

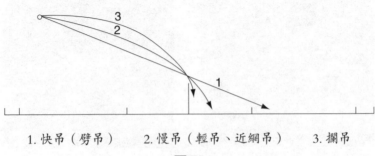

1. 快吊（劈吊）　　2. 慢吊（輕吊、近網吊）　　3. 攔吊

圖 75

地回收至胸前。

④ 易犯的錯誤：除了與擊高遠球易犯的錯誤基本相同外，還易擊球過重。因此，最主要的是擊球瞬間用力要輕，過重就達不到攔吊的目的。

（4）繞頭頂快吊球

① 準備、引拍、擊球和隨前動作要領：與上手頭頂擊高遠球基本一致，不同的是擊球瞬間改變拍面的運行角度，如快吊（劈吊）對角網前，則使拍面向對角的方向減速揮動，擊球瞬間手腕做弧形外展閃動，並切擊球托的左側後下部，使球向對角網前直線快速飛行（圖76—78）；又如快吊（劈吊）直線網前，則使拍面向直線的方向減速

圖76

圖77

図 78　　　　　　　　　　図 79

揮動，擊球瞬間手腕做內收閃動，並切擊球托的右側後下部，使球向直線網前直線快速飛行。

②易犯的錯誤：與擊高遠球所易犯的錯誤基本相同，不同的是繞頭頂快吊對角擊球瞬間須有手腕的外展弧形閃動動作，並切擊球托左側後下部，如無外展、弧形、切擊這 3 個環節就是錯誤動作。快吊直線如未內收、切擊也是錯誤動作。

（5）繞頭頂慢吊球

①準備、引拍、擊球和隨前動作要領：與繞頭頂快吊基本相同，只不過在擊球瞬間的用力控制得比較輕些，使球成弧線飛行，落至網前近網區內。

②易犯的錯誤：與繞頭頂快吊球相同。

圖80

圖81

（6）反手慢吊球

① 準備、引拍動作要領：與
反手擊高遠球動作基本相同（圖
79）。

② 揮拍擊球動作要領：前臂
快速由左肩下往右上稍有外旋地
揮動，手腕內收閃動，並切擊球
托的右下部，在擊球瞬間拍面與

拍面與水平面
夾角大於 90°

圖82

水平面的夾角應稍大於 90°，並有前推的動作，以免吊球
落網（圖80—82）。

③ 隨前動作要領：與反手擊高遠球動作要領相同。

④ 易犯的錯誤：準備、引拍動作與反手擊高遠球易犯

錯誤動作相同。另外，在揮拍擊球動作上沒有前臂的外旋揮動，而只是前後揮動和手腕閃動；沒有內收切擊動作，而只有伸腕動作，這些都是錯誤的動作。隨前動作上的易犯錯誤與反手擊高遠球時的相同。

5. 殺球擊球法

殺球擊球法是把對方擊來的中後場高球，用較大的力量和較快的速度，以向下的弧度將球回擊到對方的中後場區。殺球是主動進攻與得分的重要手段。

殺球以力量大小區別，可分重殺、輕殺；以落點區別，可分長殺和短殺（點殺、半殺）。這幾種殺球均可運用正手、繞頭頂殺直線和對角線。由於反手殺球技術要求高，因此極少數人能掌握並運用。

（1）正手原地跳殺球

① 準備、引拍動作：右腳在後，側身對網，屈膝降低重心，做好起跳擊球的準備（圖83）。起跳後，身體左轉，同時後仰，挺胸成弓形（圖84、85）。隨後凌空轉體，收腹，上臂向上擺起，肘部領先，前臂快速往前上方揮動，腕部充分後伸，拉長揮拍的工作距離。

圖83

② 揮拍擊球動作：前臂

圖 84　　　　　　　　　　圖 85

快速往前上方揮動，球拍也高速往前上方揮動。當球落至肩前上方的擊球點時，前臂內旋，腕部在內收的狀態下前屈閃腕發力。與此同時，手指突然握緊拍柄，使手腕的發力集中到擊球點上。此時，球拍和水平面的夾角應小於 90°，拍面正面擊球托的後部，使球快速向下直線飛行（圖 86、87）。

③ 隨前動作：殺球後，前臂隨慣性往體前回收，形成右腳在前、左腳在後的回動姿勢（圖 88、89）。

④ 易犯的錯誤：與正手擊高遠球基本相同，不同的是擊球瞬間球拍與水平面的夾角，高遠球應大於 90°，殺球應小於 90°。

（2）正手突擊殺球

① 準備、引拍動作：向右方側身，後退一步並迅速跳

圖 86

圖 87

圖 88

圖 89

圖 90

圖 91

起（圖 90、91）。跳起後，身體後仰，拉長腹肌及胸大肌，球拍自然往後下方擺動，加大揮拍的工作距離（圖 92）。

　② 揮拍擊球動作：右上臂帶動前臂急速往上前方揮拍，手腕從後伸經前臂的內旋至屈收，並突然緊握球拍閃腕以爆發力擊球。此時，拍面與水平面所成的夾角稍小於 90°（圖 93）。

圖 92

圖93   圖94

③ **隨前動作要領：**隨慣性回收球拍於胸前，落地時應右腳在後，左腳在前，並迅速回動（圖94）。

④ **易犯的錯誤：**與擊高遠球易犯的錯誤基本相同，不同的是高遠球的擊球點是在肩的前上方，而突擊殺球的擊球點是在肩的右側斜上方。另外，手腕的壓腕動作應使拍面從後向前揮動，不應有切擊的動作。

（3）繞頭頂殺球

① **準備、引拍動作要領：**左腳向後移一步，右腳迅速側身向左後退一大步並迅速起跳（圖95—97）。身體成弓形，拉長揮拍的工作距離，完成引拍動作。

② **揮拍擊球動作要領：**凌空轉體（圖98）、收腹、肘部先行並在瞬間發力等一系列擊球動作與原地起跳殺球動

圖 95

圖 96

圖 97

圖 98

圖 99

圖 100

作基本相同（圖99）。

③ **隨前動作要領**：與原地跳殺動作基本相同，只不過落地時左腳後撤較大，使重心不後倒，並能更快回動（圖100）。

④ **易犯的錯誤**：與繞頭頂擊高遠球基本相同，不同的是擊球時拍面與水平面夾角應小於 90°，不然就難於擊出較好的殺球。

（4）反手殺球

① **準備、引拍動作要領**：向左後轉身以前交叉步後退3步，移動過程中形成反手握拍，前臂往胸前收，右肩有些內收，完成引拍動作（圖101）。

② **揮拍擊球動作要領**：前臂開始向上揮動，球拍從左

圖 101

圖 102

前下方擺到右前下方（圖
102）。此時，左腳開始發
力，腰腹及肩部發力，並帶動
上臂及前臂做鞭打動作，球拍
往上後方揮動。擊球瞬間握緊
球拍，快速外旋和後伸壓腕，
擊球托的後部（圖 103），完
成揮拍擊球動作。

③隨前動作要領：擊球
後，前臂內旋，使球拍回收至
體前，降低重心，並迅速轉體
回動（圖 104—106）。

圖 103

圖 104

圖 105

圖 106

④ 易犯的錯誤：與上手反拍擊高遠球易犯的錯誤基本相同，不同的是擊球瞬間拍面與球的接觸角度，擊高遠球時拍面與水平面的夾角大於 90°，而擊反手殺球時拍面與水平面的夾角小於 90°。

以上介紹了高球、吊球與殺球的基本技術動作要領及易犯的錯誤。其實，其中最重要的是正手高遠球、繞頭頂高遠球及反手高遠球，這些動作要領掌握好了，其他的吊球和殺

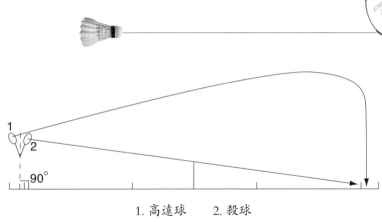

1. 高遠球　　2. 殺球

圖107

球則多是相似的動作，只不過在擊球瞬間有所改變，如吊球，在擊球瞬間改為切擊動作，力量小些，擊球點不同罷了；而殺球與高遠球則是在擊球瞬間手腕閃動角度不同，雖然都要求以正拍面擊球，但拍面與水平面的夾角不同，高遠球夾角大於 90°，殺球則小於 90°（圖107）。

準備、引拍和揮拍擊球的前期動作基本都是一致的，只是在擊球瞬間有所改變，此即高水準技術要求的高度一致性。到了高級階段，動作一致性越好，技術的威脅性越大，戰術作用也越大。因此，初學者一定要掌握好基本技術動作要領。

6. 網前擊球法

網前擊球技術有搓球、放網前球、推球、勾球和撲球等，搓、推、勾、撲均屬於主動進攻技術，威脅性大，常能直接得分或創造下一拍進攻的機會，是關鍵性技術。為了能掌握好網前擊球技術，使之更具威脅性，必須做到如下幾點：

第一，擊球點高、一致性好。一般要求擊球點在離網

頂 30 公分左右，或更高些。擊球前期動作一致性要強，握拍要放鬆、靈活，以便在擊球瞬間利用手腕、手指的靈活性進行突變擊球。

第二，準確判斷，反應快，步法準確到位。這是為擊球點高創造先決的條件，步法起動、移動快，並準確到位，才能完成高點擊球。

第三，出手擊球快，控制能力強。除了步法準確、快速到位、搶到較高擊球點外，前臂要迅速往前上方舉起，球拍略前伸，這是擊搓、推、勾前期動作的一致性。在擊球瞬間，根據戰術需要靈活、快速地出手擊球，再結合使用搓、推、勾技術，威力無窮。

搓、推、勾、撲擊球技術，對擊球力量和拍面擊球角度要求較高，必須掌握得恰到好處。力量大小主要靠身體前衝力、手臂、手腕和手指來控制，而拍面擊球角度主要靠手腕和手指來調整。控制能力強和落點準確，取決於擊球技術、力量和拍面角度的準確控制。

第四，戰術意識強，變化機動靈活。要正確適時、機動靈活地結合運用搓、推、勾、撲等擊球技術，必須有很強的戰術意識。當對方回擊網前球之後急於後退時，我方應採用搓球；當對方回擊網前球之後回動慢，或想抓住我方重複搓球時，應採用推球等動作。

（1）搓球擊球法

搓球擊球法是從離網頂 30 公分左右或更高處，以球拍搓切球托的左側、右側或底部，使球向右側或左側旋轉與翻滾過網。旋轉翻滾性能越強，對方回擊的難度就越大，

圖 108

圖 109

從而為我方創造更有利的
進攻形勢。

　　搓球可分為正手搓球
與反手搓球。

　　① 正手搓球

　　準備動作要領：右腳
在前，左腳在後，兩腳間
距比肩略寬，右手握拍自
然地舉在胸前，身體微微
前傾，收腹（圖 108）。

圖 110

　　引拍動作要領：採用
後交叉步加蹬跨步至右網前區。前臂隨步法移動伸向右前上
方，並有外旋，手腕稍後伸，完成引拍動作（圖 109、110）。

圖 111

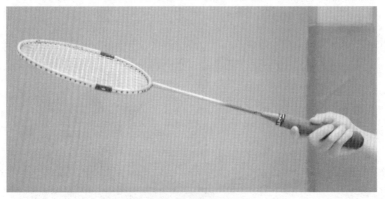

圖 112

揮拍擊球動作要領：擊球瞬間，前臂外旋，手腕由後伸至稍向前內收閃動，握拍手的食指和拇指夾住拍柄，中指、無名指和小指輕握拍柄（圖 111、112），使球拍在手腕和手指的用力下搓切來球的右下底部，使球旋轉翻滾過網。揮拍用力大小、速度快慢和拍面擊球角度大小，主要

圖 113

取決於來球離網的遠近和速度的快慢，如來球離網遠，速度快，則搓球時力量要大些；如來球離網近，速度慢，則搓球時力量小些。總之，網前擊球用力和拍面的控制要合適，否則會搓球下網或過高，造成失誤或陷入被動局面。

隨前動作要領：擊球後球拍回收至胸前（圖 113），右腳回收。

易犯的錯誤

準備姿勢易犯的錯誤：手指握拍太緊，手臂伸得太直，兩腳平站，身體太直立，影響起動速度和手腕靈活發力。

引拍動作易犯的錯誤：起動太慢，不能準確地到位，前臂未伸向前上方，導致擊球點太低。

揮拍擊球動作易犯的錯誤：由於引拍動作錯誤，在高點搓球時，拍框頭部高於拍框與拍柄交接處，拍面搓球時角度不對，造成搓球不過網而失誤（圖 114、115）。

隨前動作易犯的錯誤：擊球後，球拍未回收至胸前，

正確的拍面搓球角度

圖114

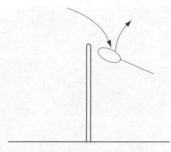

錯誤的拍面搓球角度

圖115

圖116

而是垂向下，步法回動太慢。

② 反手搓球

準備動作要領：與正手搓球準備動作相同（圖116）。

引拍動作要領：用前交叉步加蹬跨步至網前左區，隨步法移動改為反手握拍，前臂上舉，手腕前屈，手背約與網同高，拍面低於網頂，以反拍拍面迎球（圖117）。

揮拍擊球動作要領：擊球瞬間，主要靠前臂的前伸並外旋，手腕由內收至外展，搓切球托的右側後底部，拍面應有一定的斜度（圖118）。

隨前動作要領：擊球後，右腳迅速回位，球拍回收至胸前。

易犯的錯誤：與正手搓球基本相同。

圖 117

圖 118

（2）放網前球擊球法

放網前球與搓球不同之點是球過網後沒有旋轉與翻滾，但落點較近網，而且能適應各種位置的回擊，如遠網球、被動球，均可採用放網前球的擊球技術（但在這種情

況下搓球就不好使用），目的是調動對方，為我方創造有利的進攻形勢。

放網前球可分為正手和反手兩種。

① 正手放網前球

準備與引拍動作要領：與正手搓球基本相同。

揮拍擊球動作要領：擊球點在腰際以下，擊球瞬間，不是用搓切的動作，而是輕輕向上提，碰擊球托後底部，使球過網後垂直下落。

易犯的錯誤：與正手搓球易犯的錯誤基本相同。

② 反手放網前球

準備與引拍動作要領：與反手搓球基本相同。

揮拍擊球動作要領：擊球點在腰際以下，擊球瞬間不是用搓切的動作，而是輕輕向上提，碰擊球托後底部，使球過網後垂直下落。

隨前動作要領：與反手搓球基本相同。

易犯的錯誤：與反手搓球基本相同。

（3）推球擊球法

推球是以推的動作把對方擊來的網前球推擊到對方後場底線去，球的飛行弧線較低平，速度較快，可造成對方回擊的困難。

推球可分為正手推直線、推對角線與反手推直線、推對角線4種。

① 正手推直線球

準備動作要領：右腳在前，左腳在後，兩腳間距離比肩略寬，右手握拍自然地舉在胸前，身體微微前傾並含胸

圖 119

圖 120

收腹（圖 119）。

　　引拍動作要領：用後交叉步加蹬跨步至網前右區，前臂隨步法移動伸向右前上方，並外旋，手腕稍後伸，球拍隨著往右下後擺，使拍面正對來球（圖 120）。

圖 121

圖 122

揮拍擊球動作要領：擊球瞬間，前臂內旋，帶動手腕由後伸到屈腕閃動，並特別注意運用食指的推壓力量（圖121）。球過網飛行弧度的高低，取決於擊球瞬間擊球點的高低和拍面角度的大小。

隨前動作要領：擊球後，球拍回收至胸前，右腳回蹬回位（圖122）。

易犯的錯誤：準備、引拍、隨前動作易犯的錯誤與正手搓球基本相同。揮拍擊球時，易犯的錯誤是拍面的角度和推球力量大小未能適當控制，造成失誤。

圖 123

圖 124

② 正手推對角線球

　　準備、引拍動作要領：與正手推直線球相同。

　　揮拍擊球動作要領：擊球瞬間，前臂內旋，帶動手腕由後伸到屈腕閃動，並運用食指的推壓力量。擊球點靠近肩側前，採用由右至左的揮拍擊球路線（圖 123、124）

圖 125

隨前動作要領：與正手推球動作相同。

易犯的錯誤：與正手推直線球易犯的錯誤相同。

③ 反手推直線球

準備動作要領：與正手推球動作要領相同（圖 125）。

引拍動作要領：用前交叉步加蹬跨步至網前左區，前臂隨步法移動伸向左前上方，並向左胸前收引。此時，肘關節微屈，手腕外展，手心朝下（圖 126、127）。

揮拍擊球動作要領：擊球瞬間，前臂稍外旋，手腕由外展到伸直閃腕，中指、無名指、小指突然緊握拍柄，拇

圖 126

圖 127

圖 128

指頂壓拍柄。擊球點在左側前，推擊球托的後部，使球沿直線較低拋物線飛向對方後底線（圖 128）。

　　隨前動作要領：擊球後球拍回收至胸前，右腳回蹬回

位。

易犯的錯誤：握拍太緊，手臂伸得太直，兩腳平站，身體太直立，影響起動速度和手腕靈活發力。起動太慢，不能準確到位。前臂未伸向左前上方，以致擊球點太低。擊球前手背朝網的屈腕動作使發力太慢，擊球速度不快。

④ 反手推對角線球

準備、引拍及隨前動作要領：與反手推直線球相同。

揮拍擊球動作要領：與反於推直線球基本相同，只不過擊球點在反邊近肩側方，擊球托的左側後部，使球朝對角線方向飛行。

易犯的錯誤：與反手推直線球基本相同。

（4）勾球擊球法

圖 129

勾球是把對方擊來的兩邊網前球用勾的動作將球回擊到對角網前區，球的飛行速度快。當球朝對角飛越過網頂時，不能離網太高，最好是貼網而過。這是一種主動進攻的技術，如能與搓球、推球結合好，則戰術效果更佳。

勾球可分為正手主動勾球、正手被動勾球及反手主動勾球、反手被動勾球。

① 正手主動勾球

準備動作要領：與正手搓

圖 130

圖 131

球基本相同（圖 129）。

引拍動作要領：與正手搓球動作相同，以併步加蹬跨步上右網前（圖 130）。

揮拍擊球動作要領：擊球瞬間，前臂稍有內旋，並向左拉收，手腕由後伸至內收閃腕，揮拍撥擊球托的右側下部，使球朝對角線網前方向飛行（圖 131）。

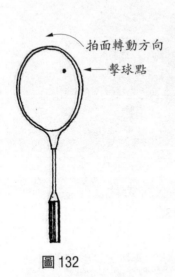

拍面轉動方向

擊球點

圖 132

圖 133

　　另一種擊球法是引拍時向右前上方舉起，拍面朝上，以球拍面的右側上方擊球，前臂內旋，使拍面朝左旋轉，擊球托底部，讓球朝對方對角線網前飛行（圖132）。

　　隨前動作要領：擊球後球拍回收到胸前，此時，身體重心朝左場區轉移，用前交叉步回動至中線靠左邊的中心位置，以利回擊對方重複放網前球（圖133）。

　　易犯的錯誤：與正手搓球易犯錯誤基本相同，不同點是以整個手臂向左揮動的擊球動作是錯誤的。

　　② 正手被動勾球

　　準備動作要領：與正手主動勾球動作相同。

　　引拍動作要領：用墊步加蹬跨步上網，重心降低，前臂隨步法移動伸向右側前下方，手腕自然伸展（圖134）。

　　揮拍擊球動作要領：擊球瞬間，手腕由伸展到屈收發

圖 134

圖 135

力，擊球托後下部，球拍朝左側前上方揮動（圖 135）。

隨前動作要領：與正手主動勾球動作基本相同（圖 136）。

易犯的錯誤：步法不到位，跨步不穩，擊球時拍面角

圖 136

度及用力大小控制不好。

③ 反手主動勾球

準備動作要領：與反手搓球動作基本相同。

引拍動作要領：採用前交叉步加蹬跨步上左網前，前臂隨步法的移動前伸至離網頂 20 公分處（圖 137）。握拍手的虎口要有空隙，以便擊球時能靈活運轉。

揮拍擊球動作要領：擊球瞬間，前臂外旋，手腕由稍屈至後伸閃腕，拇指內側和中指往右側拉收拍柄，其他手指突然握緊，擊球托的左側後部，使球飛向對角網前（圖 138）。

隨前動作要領：左腳回蹬還原，球拍收回胸前。

易犯的錯誤：與反手推直線的易犯錯誤基本相同。

圖137

圖138

④ 反手被動勾球

準備動作要領：與反手搓球動作基本相同（圖139）。

108

圖 139

圖 140

圖 141

　　引拍動作要領：採用交叉步加蹬跨步上左網前，降低
重心，前臂伸向左側下方，手背朝上（圖 140—142）。
　　揮拍擊球動作要領：擊球瞬間，手腕由外展突然後伸

圖 142

圖 143

並內收閃腕，手指緊握拍柄，自左至右揮拍切擊球托的左側下部，使球朝對角網前飛越（圖143）。

隨前動作要領：擊球後，手腕明顯後伸，然後回收至胸前，右腳回收還原回中心（圖144）。

易犯的錯誤：握拍太緊，手臂伸得太直，兩腳平站，身體太直立，影響起動速度與手腕靈活的發力；起動太慢，不能準確到位，重

圖 144

心降不下；前臂未伸向左側下，手背未朝上而是朝網，使發力太慢，瞬間擊球突變性不強。

（5）撲球擊球法

撲球是網前進攻技術中威脅最大的一項技術，即將對方擊過來離網頂 10～20 公分高的球，以最快的速度向下撲壓。球必須是向下飛行，腕力爆發力強，動作小，出手快，給對方造成很大的威脅，一般是直接得分的一項技術。

撲球可分為正手撲球和反手撲球。

① 正手撲球

準備動作要領：與正手搓球動作相同（圖 145）。

引拍動作要領：左腳先蹬離地面，然後右腳向右網前蹬躍起。在蹬躍的過程中，前臂稍上伸並略有外旋，在腕後伸的同時，握拍略有變化，虎口對準拍柄的寬面，小指和無名指稍鬆開，使拍柄離開魚際肌（圖 146）。

圖 145

圖 146

圖 147

　　揮拍擊球動作要領：擊球瞬間，手腕由後伸略內收閃動至外展（圖 147），使球拍從右側向左側揮動發力。如球離網頂較近，則應採用自右至左的「滑動式」揮拍撲球

圖 148

（或稱「撥球」），以免球拍觸網犯規。

隨前動作要領：擊球後，球拍隨手臂往右側下回收（圖 148）。

易犯的錯誤：準備、引拍動作與正手搓球基本相同，揮拍擊球時的錯誤在於揮拍路線不論球距網頂遠或近，均採用前後揮動球拍的動作，這樣，當球離網頂較近時就易造成觸網犯規。

② 反手撲球

準備動作要領：與正手撲球相同（圖 149）。

引拍動作要領：左腳先蹬離地面，然後右腳向左網前蹬躍起，在蹬躍過程中，前臂前伸將

圖 149

圖 150

圖 151

球拍上舉，手腕外展，拇指頂壓在拍柄的寬面上，食指和其他三指併攏（圖 150）。

　　揮拍擊球動作要領：擊球瞬間，手臂伸直，手腕由外展至內收閃動，手指緊握拍柄，拇指頂壓發力，自左至右加速揮拍擊球（圖 151）。

隨前動作要領：擊球後，立即屈肘，手腕由內收至外展，放鬆回收。

易犯的錯誤：與正手撲球基本相同，只不過是在左場區，揮拍時應從左至右，不應前後揮動，如來球離網頂遠才可前後揮動。

7. 抽球擊球法

抽球是一種中場球的主動進攻技術，是把位於身體左右兩側、高度在肩以下腰以上部位的球用抽擊的動作，使之過網後向下飛行，以便壓住對方。這種技術的特點是速度快，球的飛行弧度較平，落點較遠，是雙打的主要技術。單打中，有時為了改變節奏或對付擺速較慢的對手也可運用，而且能收到較好的效果。

抽球可分為正手抽球和反手抽球兩種。

（1）正手抽球

① 準備動作要領：與正手搓球動作相同。

② 引拍動作要領：右腳稍向右側邁出一小步，上體稍向右側傾斜，右臂向右側上擺，球拍隨著上舉，左腳跟提起（圖 152）。前臂稍後擺而帶有外旋，手腕從稍外展至後伸，將球拍引至後下方，以增

圖152

圖153

圖154

長向前揮拍的工作距離（圖153）。

③ **揮拍擊球動作要領**：前臂急速向右側前方揮動，由外旋轉為內旋，手腕由後伸至伸直閃腕，手指握緊拍柄，發力揮拍擊球（圖154）。

④ **隨前動作要領**：擊球後，球拍順勢向左側擺，左腳往左前跟進一步，準備迎擊第二個來球。

⑤ **易犯的錯誤**：引拍時後擺不夠充分，難以取得向前揮拍的最長工作距離，發力欠佳。揮拍擊球時手腕未充分發力，而是以肩為軸，手腕未由後伸至伸直做閃腕發力。

（2）反手抽球

① **準備動作要領**：與正手抽球動作相同。

② **引拍動作要領**：左腳向左前跨一步，身體稍向左

圖 155

圖 156

圖 157

轉，前臂往身前收，肘部稍上抬，前臂內旋，手腕外展，將球拍引向左側（圖 155）。

③ 揮拍擊球動作要領：擊球瞬間，前臂往前揮拍的同時外旋，手腕由外展到伸直至內收閃腕。此時，手指突然握緊拍柄，拇指前頂，使球拍迎擊球托的後底部（圖 156）。

④ 隨前動作要領：擊球後，球拍順勢反蓋過去揮向右側，再還原至胸前（圖 157）。

⑤ 易犯的錯誤：引拍動作

後擺不夠充分，無法加長向前揮拍的工作距離，造成發力不足。

8. 快擋擊球法

快擋是一種中場球技術，是把位於體前的來球，用正反拍彈擊過去，使球過網後落於網前區，它是雙打的反攻技術。快擋球可分為正拍快擋和反拍快擋兩種。

（1）正拍快擋

① 準備動作要領：與正手抽球動作相同（圖158）。

② 引拍動作要領：右腳向右側跨出一步到位。隨步法移動向右側後引拍，使之對準來球，上體也向右後轉至左肩對網。同時，髖關節也轉向右後，右腳蹬地，為接近來球騰出適當的空位（圖159）。

圖158

圖159

圖 160

圖 161

③ 揮拍擊球動作要領：由於來球力量大，速度快，因此，擊球時，不必做較大的揮拍動作，只需借來球之力，在向外展閃手腕的同時，食指、中指往拇指方向輕輕提拉和其他手指突然緊握拍柄即可。球拍擊球托的後底部，將球輕輕擋回直線網前區（圖 160）。如要擋對角網前球，只需控制好拍面的擊球角度即可達到目的。

④ 隨前動作要領：擊球後，球拍隨身體向左轉，右腳向前邁，球拍收回於身前（圖 161）。

⑤ 易犯的錯誤：體轉不夠充分，空位未騰出，手腕和手指控制拍面角度不佳，造成過網過高，形成被動，或被對方撲死，或回球太低未過網。

（2）反拍快擋

① 準備動作要領：與反手搓球動作相同。

② 引拍動作要領：球拍向左下側擺，上體稍向左側閃，左肩向左後側轉動，讓出適當的擊球空位。

③ 揮拍擊球動作要領：由於來球力量大，速度快，因此，不必做較大的揮拍動作，只需靠來球之力和手腕內收，由屈腕至伸直閃腕，以握緊拍柄所產生的力量擊球托的後底部，即可將球輕輕地反彈回直線網前區；如要擋至對角網前區，只需控制好拍面的擊球角度即可。

④ 隨前動作要領：擊球後，球拍回收體前，並向前跟進一步，以便封住直線或對角網前球。

⑤ 易犯的錯誤：與正手擋球易犯的錯誤基本相同。

9. 半蹲快打擊球法

半蹲快打是雙打中由守轉攻最具威脅性的技術，當對方殺球時，我方站位要靠近網前，並採用半蹲的方式，將球的方位調整在肩上方，以利於使用上手平打、快打的技術，使球過網後向下飛行。

半蹲快打有如下特點：一是站位靠網前，取半蹲式擊球。由於對方殺過來的球到達擊球點時間短，故判斷反應要快，前臂的擺速和手腕的閃動也要快，這樣才能主動迎擊來球，使球過網後便朝下飛行。二是每次擊完快打球之後應及時跟進，爭取下一拍有更高更前的擊球點。

半蹲快打可分為正面半蹲快打、正側面半蹲快打和繞頭頂半蹲快打 3 種。

圖 162

圖 163

圖 164

（1）正面半蹲快打

① 準備動作要領：兩腳分開站立，間距比肩稍寬，兩膝彎曲成半蹲式，球拍上舉（圖162）。

② 引拍動作要領：當判斷來球是在右肩前上方時，上臂往右側稍前上方提起，前臂隨著向上稍往後擺並帶有外旋動作，手腕後伸（圖163）。

③ 揮拍擊球動作要領：擊球瞬間，前臂由外旋至內旋轉

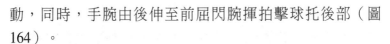

動，同時，手腕由後伸至前屈閃腕揮拍擊球托後部（圖 164）。

④ 隨前動作要領：擊球後，球拍隨著往前蓋，再由左下回收至前上方。回收動作要快，以便準備迎擊來球。

⑤ 易犯的錯誤：準備動作的站位採用了前後開立姿勢，不利於還擊左右落點稍遠些的來球；引拍動作未充分後擺，造成發力不足，揮拍擊球時手腕無發力閃動的動作，只是前推；隨前動作回收得太慢，對方重複回擊平球時來不及準備。

（2）正側面半蹲快打

正側面半蹲快打各環節動作要領與正面半蹲快打基本相同，不同的只是擊球點在右側面，故只要向右側跨一步擊球即可。

（3）繞頭頂半蹲快打

動作要領與正面半蹲快打基本相同，不同的是擊球點在頭頂左上方，因此，只要左腳向左側邁出一小步，上體稍向左傾斜，上臂往左側上方舉，前臂向後擺並有些外旋，手腕後伸，球拍往頭後引至左側後方即可。揮拍擊球的動作與正面半蹲快打一樣。

10. 接殺球擊球法

接殺球技術是在實戰中由守轉攻的重要環節，如有較好的接殺球技術，常可從守中反攻，取得較好的進攻主動權或能直接得分。

要想掌握較好的接殺球技術，必須判斷準確，反應快、起動快、移動快，出手一致性好，球路活和落點變化多。另外，接殺球的站位也十分重要，因為站位得當，可以彌補判斷、反應和移動之不足。

一般情況下，當球在對方右後場區時，我方站位可稍偏左場區；球在對方的左後場區時，我方站位可稍偏右場區，這時，主要側重於防對方殺直線球。若對方殺對角線，由於球的飛行距離較長，較容易接好殺球。

其次，要善於抓住對方扣殺的習慣球路，如有的人頭頂區習慣殺對角線，那麼，就要調整自己的站位，並注意對方球路的變化。

接殺球技術可用擋網前球、挑後場球、平抽、快打反擊等幾種技術來完成。這些技術，在前面已談過了它們的動作要領及易犯的錯誤，所以不再重複。

上述 10 種擊球法是羽毛球運動最基本的擊球法，必須掌握，並要特別注意這些擊球法中的共同點。例如：

第一，在準備動作中身體與握拍都要自然放鬆，雙腳站立比肩稍寬，基本是右腳在前左腳稍後，防守時則要兩腳稍平行站立。

第二，在引拍動作中，凡是需用較大力量發力擊球的動作，如高、吊、殺、挑、抽等，都要創造最長的揮拍距離，以便能產生較大的爆發力。

第三，在揮拍擊球動作中，高球、吊球、殺球、劈球，網前的搓球、推球、勾球、撲球，以及中場抽球、擋球、勾球，前期動作都要注意其一致性。

第四，隨前動作一結束，就要盡快回動至中心位置，

儘快回收至準備動作姿勢。

(五)步　法

步法是打羽毛球的一項很重要的基本技術，它與手法相輔相成，不可分割。沒有正確的步法，必然會影響各種擊球技術的完成。如果在比賽中沒有快速、準確的到位步法，手法就會失去其威脅性，所以，學習和掌握熟練的、快速而準確的步法是打好羽毛球、提高運動水準的重要環節。

羽毛球步法由墊步、交叉步、蹬步、跨步、跳步 5 種組成，每一步法一般都是從場地中心位置開始。這些步法的結構可分為起動、移動、到位擊球和回動 4 個部分。

羽毛球步法在實際運用時可分為上網步法、後退步法和兩側移動步法。根據運動員在場上的位置和來球的遠近，可採用一步到位擊球或兩步、三步移動到位擊球。右手握拍者，到位擊球時的最後一步一般都是右腳在前，而左腳總是靠近中心位置。以下逐項介紹。

1. 上網步法

上網步法是完成上網搓球、推球、勾球、撲球及挑球的步法，它包括跨步上網、墊步加蹬步上網、前交叉加蹬跨步上網、後交叉加蹬跨步上網、蹬跳步上網。不論採用哪種步法上網擊球，上網前的站位及準備姿勢基本相同，即兩腳站立約同肩寬（一般右腳在前左腳稍後），兩膝稍有彎曲，兩腳前腳掌著地，後腳跟稍提起。上體稍前傾，握拍於體前，全神貫注，注視對方來球。

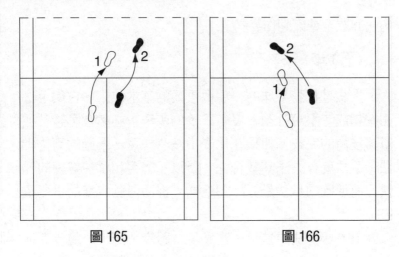

圖165　　　　　　　　　　圖166

（1）跨步上網步法

① 兩步跨步上網步法：左腳先向來球方向跨出一步，接著右腳向前跨出一大步到位擊球（圖165、166）。

② 三步跨步上網步法：右腳先向來球方向跨出一小步，接著左腳向前跨出一步，最後，右腳再跨出一大步到位擊球（圖167、168）。

（2）墊步加蹬跨步上網步法

右腳先向來球方向邁出一步，緊接著左腳墊一小步，同時右腳抬起，利用左腳的蹬力蹬跨一大步，到位擊球（圖169、170）。

（3）前交叉步加蹬跨步上網步法

左腳先向前邁出一側步，緊接著右腳抬起，利用左腳

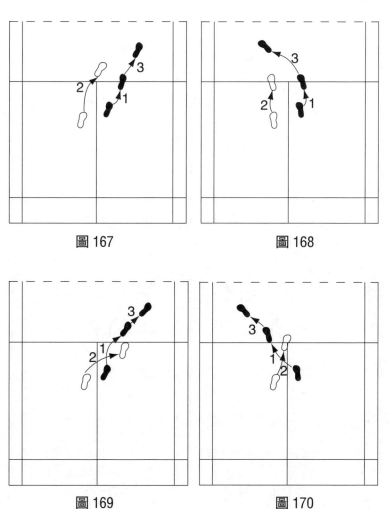

圖 167 　　　　　　　　　　圖 168

圖 169 　　　　　　　　　　圖 170

的蹬力蹬跨出一大步，到位擊球（圖 171、172）。

（4）後交叉步加蹬跨步上網步法

右腳先向前邁出一小側步，接著左腳向右腳後邁出第

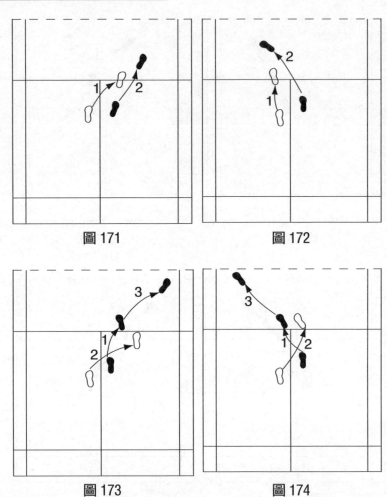

圖171　　　　　　圖172

圖173　　　　　　圖174

二個側步，最後，右腳抬起，利用左腳的蹬力，蹬跨出一大步，到位擊球（圖173、174）。

（5）蹬跳步上網步法

站位稍靠前，判斷到對方要重複打網前球時，右腳蹬

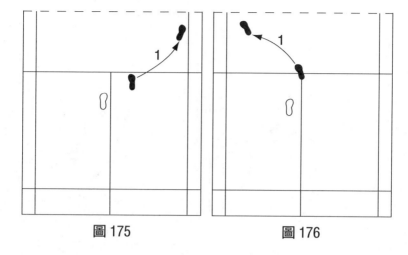

| 圖 175 | 圖 176 |

三、羽毛球運動基本技術

地跳向網前（圖 175、176），採用撲球技術擊球。注意防止因衝力過大而觸網或腳過中線犯規。

上網步法中的注意事項

第一，上網步法中前衝力不要過大，以免身體失去平衡。

第二，到位擊球時，前腳腳尖應朝邊線方向，以利向邊線滑行，消除前衝力。

第三，擊球後，應儘快採用後退跨步、墊步或交叉步退回中心位置。

2. 後退步法

後退步法是完成後退回擊高遠球、吊球、殺球、後場抽球的步法，包括正手後退步法、頭頂後退步法、反手後退步法、正手後退併步加跳步和頭頂側身加跳步。

不論採用哪種步法後退擊球，後退前的站位及準備姿

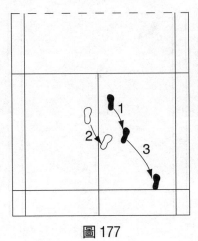

圖 177

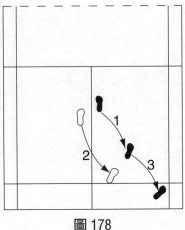

圖 178

勢均與上網步法的站位及準備姿勢相同。下面介紹正手後退步法、頭頂後退步法和反手後退步法。

（1）正手後退步法

正手後退步法，可採用併步後退步法和交叉步後退步法，以及併步加跳步後退步法。

① 併步後退步法：右腳向右後側身退一步，並帶動髖部向右後轉，接著左腳用併步靠近右腳，右腳再向後移至到位，左腳跟進一小步，呈左腳在前右腳在後、側身對網的擊球準備動作（圖 177）。

② 交叉步後退步法：右腳向右後側身退一步，並帶動髖部向右後轉，接著左腳從右腳後交叉向後退一步，右腳再向後移至到位，左腳跟進一小步，呈左腳在前右腳在後、側身對網的姿勢準備擊球（圖 178）。

③ 併步加跳步後退步法：與併步後退步法的第一、二

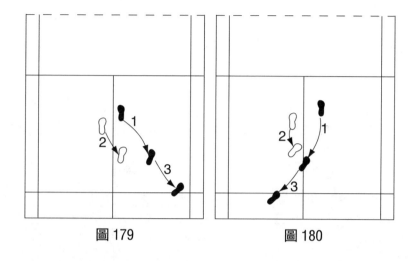

圖 179 圖 180

步後退步法相同，第三步採用側身雙腳起跳向側後到位擊球，最後雙腳落地（圖179）。

（2）頭頂後退步法

頭頂後退步法，可採用頭頂併步後退步法和頭頂交叉步後退步法，以及頭頂側身步加跳步後退步法。

① 頭頂併步後退步法：髖關節及上體快速向右後方轉動的同時，右腳向後退一步，接著左腳用併步靠近右腳，右腳再向後移至到位，左腳跟進一步，呈左腳在前、右腳在後、側身對網的姿勢準備擊球（圖180）

② 頭頂交叉步後退步法：髖關節及上體在快速向右後方轉動的同時，右腳向後退一步，接著左腳從右腳後交叉向後退一步，右腳再向後移至到位，左腳跟進一小步，呈左腳在前、右腳在後、側身對網的姿勢準備擊球（181）。

③ 頭頂側身步加跳步後退步法：這是一種快速突擊搶

三、羽毛球運動基本技術

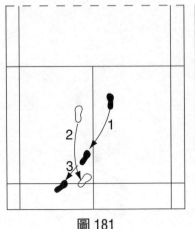
圖 181

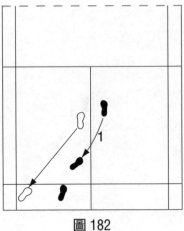
圖 182

攻打法的後退步法。髖關節及上體在快速向右後方轉動的同時，右腳向後退一步，緊接著右腳向後方蹬地跳起，上體後仰，角度較大，並在凌空中完成擊球動作。此時，左腳在空中做一個交叉動作後先落地，收腹，使右腳著地時重心落在右腳上，以便左腳迅速回動（圖 182）。

此種步法應注意以下幾個重要環節：首先，上體和髖部側轉要快，右腳後退至左腳的後方橫側位。其次，應向左後方跳起，使上體向後仰。左腳在空中做交叉後撤的動作要大，落地點在身體重心之後。最後，要用力收腹，重心迅速恢復至落在右腳，從而使左腳迅速回動。

（3）反手後退步法

反手後退步法，包括兩步反手後退步法和三步反手後退步法。

① 兩步反手後退步法：左腳先向左後方退一步，接著

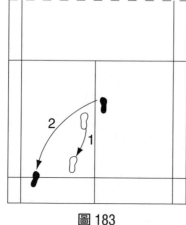

圖 183

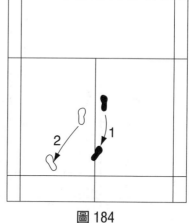

圖 184

上體左轉，右腳向左後方跨
出一步，以背對網的形式到
位擊球（圖 183）。或者右
腳先向後退一步，左腳向左
後方退一步，以側身對網的
形式到位擊球（圖 184）。

　②三步反手後退步法：
右腳先向左腳併一步（或交
叉退一步），左腳向左後的
退一步，此時，上體左轉，
右腳再向左後方跨出一大
步，以背對網的形式到位擊
球（圖 185）。

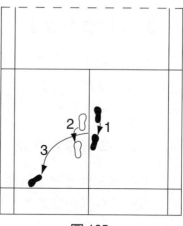

圖 185

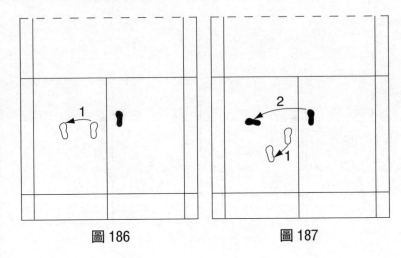

圖 186　　　　　　　　圖 187

3. 兩側移動步法

兩側移動步法是完成中場球的回擊步法，如接殺球、接對方平射球時所採用的步法。兩側移動步法包括左側移動步法、右側移動步法、左側蹬跳步法、右側蹬跳步法。

（1）左側移動步法

① 一步蹬跨步法：身體重心調整至右腳，右腳掌內側用力蹬地，左腳隨髖關節的轉動向左側跨一大步到位擊球（圖 186）。

② 兩步蹬跨步法：當來球離身體較遠時，左腳先向左側移一小步，緊接著右腳向左側蹬跨出一大步，形成背對網姿勢到位擊球（圖 187）。

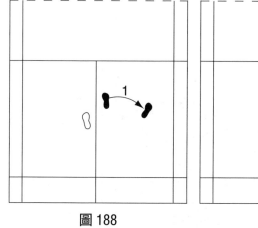

圖 188

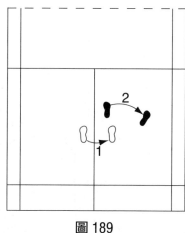

圖 189

（２）右側移動步法

① 一步蹬跨步法：當來球離身體較近時，身體重心調整至左腳，左腳內側蹬地，右腳隨髖關節的轉動向右側跨一大步到位擊球（圖 188）。

② 兩步蹬跨步法：當來球離身體較遠時，左腳應先向右後側移一步，然後右腳向右側蹬跨出一大步到位擊球（圖 189）。

（３）左側蹬跳步法

如對方來球弧度較平，可採用左腳向左側移一步後跳起突擊（圖 190）。

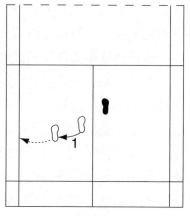

圖 190

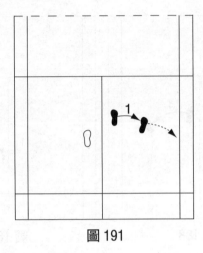

圖 191

（4）右側蹬跳步法

如對方來球弧度較平，可採用右腳向右側移一步後跳起突擊（圖 191）。

以上介紹的是羽毛球運動最基礎的移動步法，初學者一定要按這種模式進行必要的訓練，方能把羽毛球入門的基本技術練好，為提高技術水準打下堅實的基礎。

步法移動中應注意的幾個問題

對於向高水準發展的羽毛球愛好者來說，必須重視步法移動中的幾個問題。

第一，站位的選擇。

根據不同的對手、不同的打法、不同的擊球位置，靈活選擇站位是至關重要的。

初學者大都以攻後場為主，此時，站位就要選擇偏後些，如對方是以打殺吊為主的打法，站位就得選擇偏前些

的位置；如我方攻擊對方的頭頂區品質較好，站位就要偏右（中線偏右）；如我方攻擊對方正手區品質較好，站位應偏左；如我方網前搓一高品質的球，站位就要偏前。總之，站位選擇不是固定不變的，回中心也不是要求回到場地的中心位置，所說的「中心」是對下一拍回擊球最合理、最適當的位置，目的是使自己佔據場上的主動權。

站法有兩種：一種是前後站法，一般是右腳稍前，左腳稍後；另一種是平行站法。單打一般都採用前後站法，雙打的防守一般都採用平行站法。

第二，起動與回動。

起動要快，只有起動快才能迅速移動到位，並爭得較高的擊球點。為了起動快，必須注意在準備動作中兩膝要保持微屈，一隻腳的腳跟要稍提起，身體重心放在前腳掌，上體不能直立，應有收腹動作，以利快速起動。

在對方擊球的一瞬間，要作出準確的判斷，使之有一個預動調整，作為起動的前奏。例如把重心調整到更向前的位置，以利於上網的起動，也可以做重心的起伏或是兩腳的微動，起到以動促動的良好作用。當然，起動離不開良好的戰術意識，即準確的判斷。

回動，就是擊球後回到適當位置，以準備接下一個來球。如果回動太慢，則會暴露自己更多的漏洞，造成更大的被動局面。要想回動快，在擊球的瞬間，要保持身體的平衡，擊球時雙腳的間距不能過大，重心也不能太低。因此，在上網步法中，做蹬跨步後前腳要制動，後腳要跟進一小步；在後退步法中，擊球時後腳要頂住重心的後移，隨著擊球重心的轉移，迅速回動。在後退起跳突擊進攻

時，後腳後擺要大，落地時落在重心之後，要收腹，落地後的動作即成為回動的開始。

第三，調整步法的靈活運用。

調整步法是以小步、墊步、併步，並根據比賽場上來球落點的不同和速度的千變萬化來進行的。調整步法能否做到隨機應變，是高水準運動員所必須具備的條件。

四、羽毛球運動基本技術訓練

（一）握拍與揮拍練習法

　　按照握拍要領，先按正手握拍法握住球拍，如有錯誤，要及時改正；然後改為反手握拍，這樣交替進行。在握拍的練習中，一定要結合揮拍的練習，如正手握拍時要結合正手高球揮拍練習，揮拍後立即檢查是否正確地按要領握拍，這樣反覆進行，不斷鞏固。

　　握拍練習要以正手握拍法為主，然後，轉為反手握拍法，再轉為正手握拍法，以及由正手握拍法轉為特殊握拍法。如此反覆進行，不斷鞏固，最終形成靈活的握拍法。

　　揮拍練習，首先要花大力氣進行正手高球的揮拍練習，先做分解的揮拍練習，再做連貫的慢速揮拍練習，待較熟練掌握揮拍動作要領之後，再進行快速揮拍練習，緊接著進行懸球揮拍練習。

　　在進行揮拍練習時，最好能對著鏡子練，或兩人對練，這樣，可互相觀摩，糾正錯誤動作，也可拿網球拍、壁球拍或小啞鈴進行負重揮拍練習，這樣既可以在負重情況下練習正確的揮拍動作，又能增強手腕、手臂的力量。

（二）單項技術擊球練習法

1. 發球練習法

（1）發高遠球練習法

這是初學者首先要接觸的練習法，因為只有學會發高遠球，才能打好高遠球。發高遠球必須按動作要領進行練習，使球能發得又高（能垂直落下）又遠（落在對方底線附近）。同時，還要學習控制發球落點，並做到得心應手。

（2）發平高球、平射球練習法

練習發平高球、平射球時，要注意弧度與落點是否符合技術要求，而且要使發球的前期引拍揮拍動作與發高遠球動作基本一致，僅在擊球瞬間有所變化。

（3）發網前球練習法

練習發網前球時，要根據單、雙打比賽的需要，選擇好站位。單打比賽時，發網前球的站位應與發高遠球、平高球、平射球相同；雙打比賽時，一般應站前一些，或根據戰術的需要站位，拉開至邊線或離中線的適當距離。發出的球要符合發網前球的技術要求，練習時可安排一人進行接發球，以提高實戰性。

以上幾種發球練習法，可採用單人多球練習法或雙人對練練習法。總之，經由練習提高發球的品質，達到戰術要求。

2. 擊高球練習法

擊高球包括擊高遠球、平高球、平射球，經由這種練

習可以鞏固擊這些球的手法，達到能把球回擊出預期的弧度、速度和達到預期的落點。

（1）初級的懸球擊球練習法

用一細繩將球懸掛在適合於每個人擊到高球的位置上（高度應根據個人的身高、臂長而定），反覆練習擊高球動作，檢查揮拍動作、擊球點、接觸面是否按照擊高遠球技術要求來完成，這是初學者所採取的練習法。

（2）「餵球」練習法

由教練員發高球或擊高球給練習者，球落到一定高度時，教練員發出「打」的信號，要求練習者揮拍擊球，以提高練習者的空中擊球感覺，準確把握擊球點。這種練習因教練員餵球時球的弧度較高，有利於初學者揮拍動作的完成，而且球的落點能較固定，不會忽左忽右忽高忽低，有利於初學者更快形成正確的擊球動作和動力定型。

如果一開始就做對打練習，因為每次來球的高度、位置、速度不一樣，練習者為了擊球就會亂跑、亂揮、亂打，必然會形成許多錯誤動作，打多了形成了錯誤的動力定型，以後再改正就困難了。

（3）中級的原地對打練習法

兩人站在各自場區的底線附近，進行對打高遠球的練習。先練直線對打高遠球，再練平高球、平射球，然後再進行對角線對打高遠球、平高球、平射球的練習（圖192、193）。

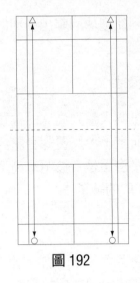 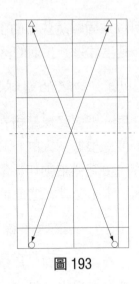

圖 192   圖 193

（4）移動對打高遠球練習法

① 一人固定、一人移動的練習：一人在底線固定擊高球，另一人前後移動回擊高球（圖 194、195）。另一邊也同樣。

② 一點打一點前後移動擊高球練習：雙方在擊完球之後均應回到中心位置，然後再退至底線，回擊對方打來的高球，反覆練習（圖 196）。這種練習能提高起動、回動能力和擊高遠球的能力。

③ 一點打兩點移動練習法：乙（教練員、同伴或陪練者，下同）固定在左後場區回擊甲（練習者，下同）打過來的高球，可隨意回擊直線球或對角線球，甲則應移動將球以直線或對角的方式固定回擊到乙的左後場區。反覆練習，以提高回擊直線和對角線的能力，甲提高移動到位擊球和起動、回動能力（圖 197）。

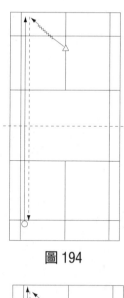

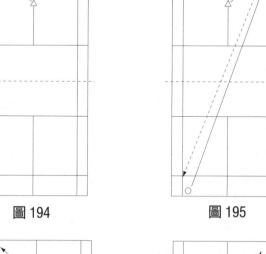

圖 194　　　　　　　　　圖 195

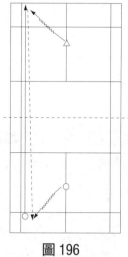

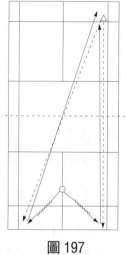

圖 196　　　　　　　　　圖 197

　　④ 兩點打兩點練習法：甲乙二人對打兩邊底線球，並應積極回中心（圖 198）。此種練習能提高移動到位並控制回擊直線、對角高球的能力，是業餘運動員和高水準運

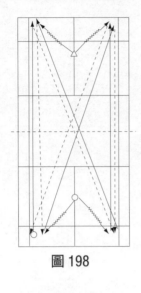

圖 198

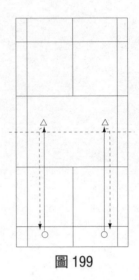

圖 199

動員均可採用的一種練習手段。

3. 吊球練習法

（1）定點吊直線練習法

甲站在右（左）後場，將球吊至乙的左（右）場區網前，乙再將挑回甲所站的位置，反覆練習（圖 199）。

（2）定點吊對角線球練習法

甲站在右（左）後場，將球吊至乙的左（右）場區網前，乙再將球挑回甲所站的位置，反覆練習（圖 200）。

（3）前後移動一點吊一點練習法

甲由右（左）後場區吊對角（直線）後回動至中心位

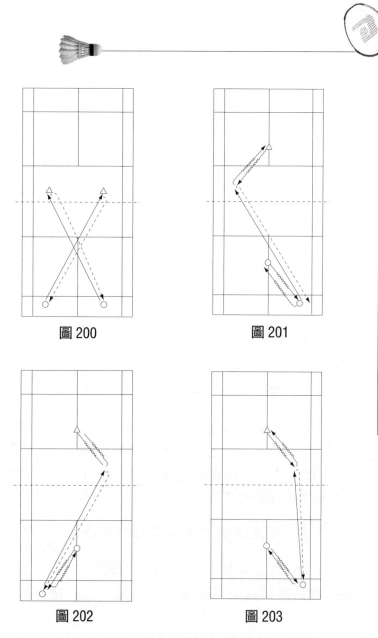

圖 200　　　　　　圖 201

圖 202　　　　　　圖 203

置，然後重新退至右（左）後場進行吊球練習。乙挑球後
退回中心位置，然後重新上網挑球（圖 201、202、203）。

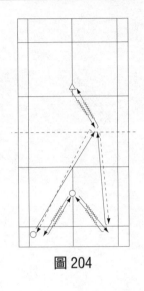
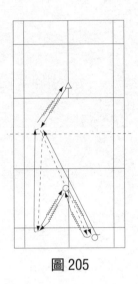

圖 204　　　　　　　　圖 205

（4）前後移動兩點吊一點練習法

甲先後在後場兩個點上將球吊至乙的網前某個點上（可在右前場區也可在左前場區），乙在網前的一個點上先後將球挑至甲的後場兩個點上，反覆練習，雙方均做前後移動（圖 204、205）。

（5）前後移動兩點吊兩點練習法

甲先後在後場兩點將球吊至乙的網前。乙前後移動，將兩個點的球挑至甲的後場兩個點上，反覆練習（圖206）。

以上吊球的路線練習，一種是以練手法和練感覺為要求，一般是計時間；另一種是以練穩妥性為要求，可以計次數，例如以連續吊成功 50 次或 100 次為一組，連續吊幾

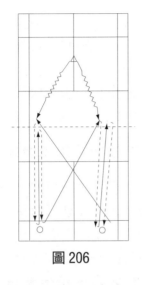

圖 206

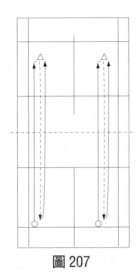

圖 207

組，以提高吊球的穩妥性。兩點吊一點或兩點則是為了提高運動員吊球時的起動、回動能力，要求在移動中提高吊球能力。吊球是一項很重要的進攻性技術，熟練地掌握並結合一致性手法，可收到和殺球一樣的得分效果。在一般情況下，吊球是作為一項調動對方位置的進攻性技術，因而在比賽中占了很大比例。

4. 殺球練習法

（1）定點殺直線球練習法

甲站在右（左）後場，將來球殺至乙的左（右）場區。乙的水準較高時，可直接將球挑至甲的後場，讓甲反覆進行殺直線球的練習（圖207）。如果乙也是剛開始掌握基本技術者，他無法將殺過來的球挑至後場，那麼，就

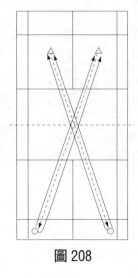

圖 208

可採用定點殺直線練習。這種練習主要是讓初學者提高手腕閃動壓擊球的感覺，以及手臂揮拍和拍面正面擊球的正確感覺，形成正確的殺球技術，這是初學者很重要的一項練習法。

（2）定點殺對角線練習法

練習方法與殺直線球相同，但要求殺對角線球，讓甲找到殺對角線球時手臂的揮動、手腕的閃動和拍面擊球時的擊球點的正確感覺（圖208）。

（3）定點殺球上網練習法

甲殺直線（對角）球後上網，將乙回擊過來的網前球回擊到乙的網前，乙再把球挑至甲的後場，甲從前場再退至後場進行殺球，反覆練習（圖209、210）。

這是一種殺球技術與上網步法結合的最初級練習法。殺球者的上網步法基本是前後直線（對角線）移動的方式，而防守者的步法呈三角形的移動方式（見圖210）。在頭頂區開始殺球也一樣。

（4）不定點殺球上網練習法

甲對乙回擊過來的高球可用正手殺直線（對角）球或頭頂殺直線（對角）球，然後，上網回擊網前球；乙挑直線（對角）到甲的後場正手（頭頂）區，甲退至後場重新進行不定點練習（圖211、212）。這是一種適於高水準運

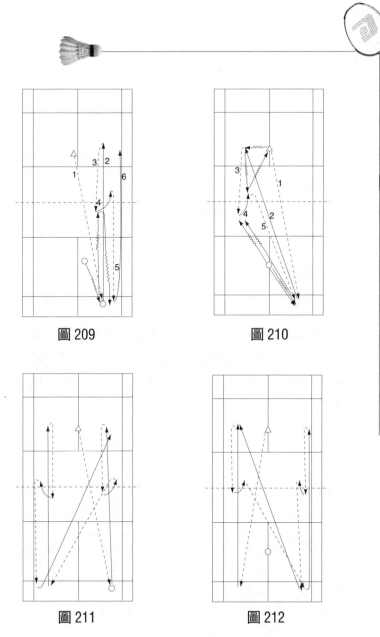

圖 209　　　　　　　圖 210

圖 211　　　　　　　圖 212

動員的練習，能有效提高迅速上網高點擊球與快速後退殺球的能力。

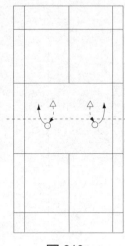

圖 213

5. 搓球練習法

（1）定點不移動搓球練習法

這是一種多球的練習法，也是練習手感的方法。甲可站在右（左）區網前，對乙拋過來的網前球用正搓、反搓技術搓過網（圖 213）。

（2）定點移動搓球練習法

這是一種與定點不移動搓球練習類似的練習法，只不過加上了從中心上網搓球後回動至中心，再重複上網搓球練習（圖 214、215）。

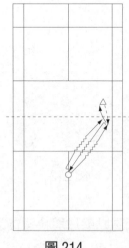

圖 214

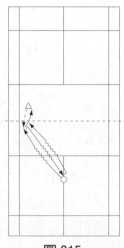

圖 215

（3）不定點移動搓球練習法

乙站於網前中心處，將球向網前兩邊拋出，甲上網搓球後回動至中心，再反覆上網搓球（圖 216）。

這是一種將手法與步法結合在一起的練習法，如拋球者拋球時間、弧度和距離合適，就可達到和實戰一樣的效果，是一種較好的練習法。

6. 推球練習法

推球練習法與搓球練習法相同，開始採用定點不移動推球，然後採用定點移動推球，最後採用不定點移動推球練習（圖 217—220）。

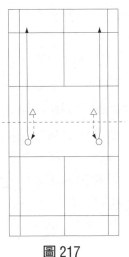

圖 217

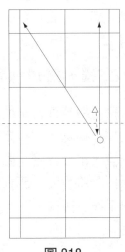

圖 218

圖 216

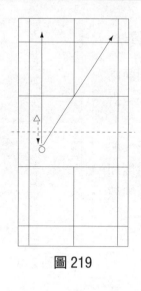

圖 219

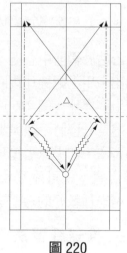

圖 220

7. 勾球練習法

勾球練習法與搓球練習法相同，開始採用定點不移動勾球，然後定點移動勾球，最後採用不定點移動勾球練習（圖 221—224）。

8. 撲、撥球練習法

撲、撥球練習法與搓球練習法相同，開始採用定點不移動撲、撥球，然後定點移動撲、撥球，最後採用不定點移動撲、撥球練習（圖 225—228）。但撲、撥球的移動都應採用蹬跳步而不應採用蹬跨步，採用蹬跳步才能在最高點出手撲、撥球，否則就只能用推球了。

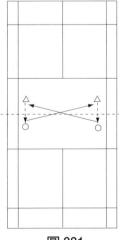

圖 221

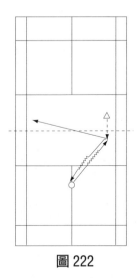

圖 222

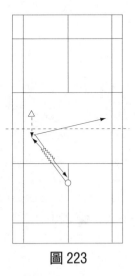

圖 223

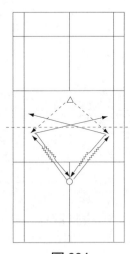

圖 224

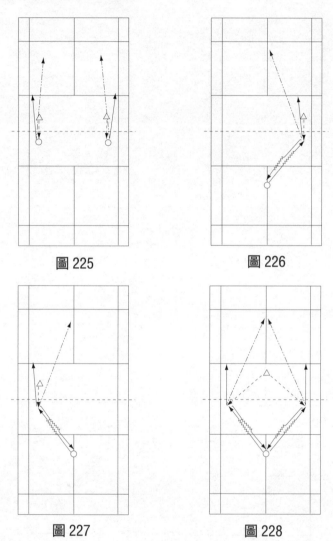

圖 225

圖 226

圖 227

圖 228

9. 前場挑球練習法

前場挑球練習法與搓球練習法相同，開始採用定點不

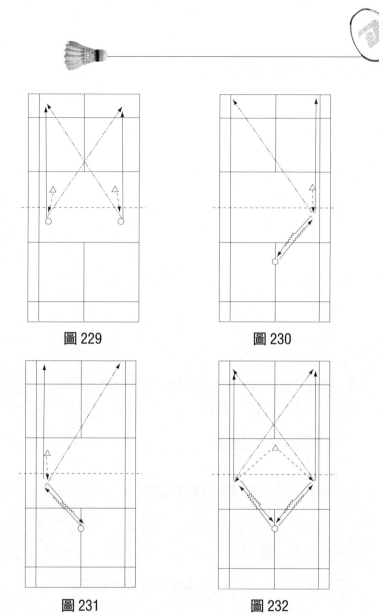

圖229　　　　　　圖230

圖231　　　　　　圖232

移動挑球，然後定點移動挑球，最後採用不定點移動挑球
練習（圖229—232）。

　挑球練習是練習被動時的挑球手法，而搓、推、勾、

四、羽毛球運動基本技術訓練

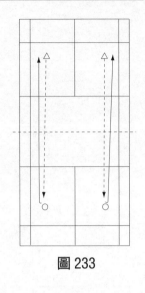

圖 233

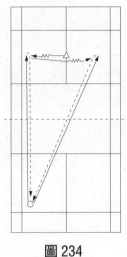

圖 234

撲、撥是主動技術，差別就在於挑球擊球點在網的下半部，而搓、推、勾、撲、撥應在網的上半部，或更高的擊球點。

10. 抽球練習法

（1）固定單邊抽球練習法

甲乙二人都用抽球對抽，一邊用正手抽，一邊用反手抽，再互換（圖233）。

（2）一人固定一人移動抽球練習法

甲可站在左或右邊向乙的兩邊抽球，乙移動把兩邊的球抽至固定的一個點（圖234）。

（3）不固定的兩邊抽球
　　　練習法

　　甲乙雙方均可抽直線球或對角球
（圖235）。

　　（4）多球殺球的抽球練習法

　　由教練員做多球殺球，甲做兩邊抽
球練習（圖236、237）。

11. 擋與勾球練習

（1）固定單邊擋與勾球練習法

教練員在場外採用發多球高球給乙，乙殺固定球路，

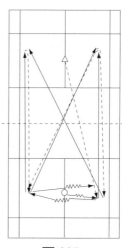

圖235

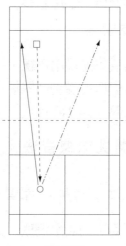

圖236

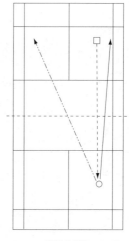

圖237

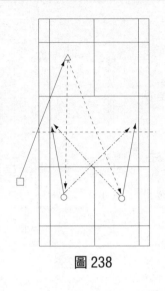

圖 238

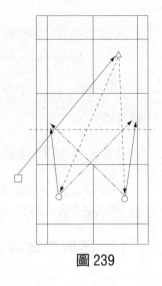

圖 239

如正手殺直線（對角）、頭頂殺直線（對角），甲採用擋直線球、勾對角的球路，反覆練習（圖 238、239）。

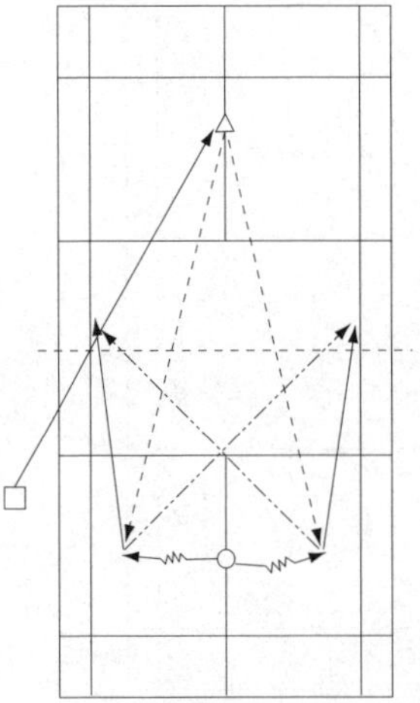

（2）不固定擋與勾球練習法

乙從中路或單邊殺兩邊線，甲根據來球的品質與難度練習回擊擋直線或勾對角的球路（圖 240）。

12. 中場挑球練習法

（1）單打中場挑球練習法

乙先採用固定的殺單邊球，讓甲採用挑直線或對角球到乙的兩底線，

圖 240

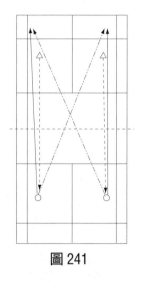

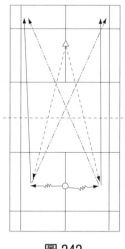

圖 241　　　　　　　　　圖 242

反覆練習（圖 241）。然後乙採用不固定的殺兩邊線球，讓甲採用挑直線或對角球到乙的後場兩邊（圖 242）。

（2）雙打中場挑球練習法

這是雙打運動員很重要的一項防守技術，練習的目的是把對方殺過來的球能輕而易舉地挑至底線兩角。

可採用一攻一守、二攻一守、二攻二守、三攻一守、三攻二防守或多球殺守等防守練習法。

13. 半蹲上手平擊球練習法

練習者可一對一採用半蹲上手平擊球對打練習（圖 243）。也可採用一對二平擊球對打練習（圖 244）。有了一定的能力之後，也可安排接殺，做半蹲上手平擊球練習（圖 245、246）。

四、羽毛球運動基本技術訓練

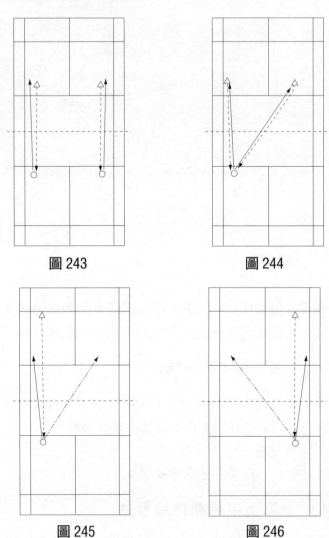

圖 243　　　　　　　圖 244

圖 245　　　　　　　圖 246

　　以上介紹的單個基本技術基礎練習法，都是為過渡至中、高級的綜合練習打基礎的，必須正確、牢固和熟練地掌握。

（三）綜合技術擊球練習法

1. 高吊練習法

（1）固定球路高吊練習法

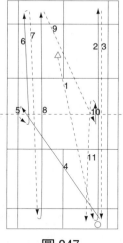

① 直線高球對角吊練習法：在此練習中，甲乙雙方可同時練習直線高球、對角吊球、上網放網和直線挑高球。乙由右場區發高球（圖247），甲回擊直線高球；乙也回擊

圖 247

一直線高球，甲吊一對角線球；乙放一直線前球，甲挑一直線高球；乙回擊直線高球，甲再回擊一直線高球；乙吊一對角線球，甲放一直線網前球；乙挑一直線高球，回復至開始。這樣反覆進行下去，可把這幾項基本技術綜合在一起練習。

由於球路固定，失誤會減少，是提高高吊基本技術的一種方法。發球者也可從左邊發球，順序相同。

② 對角高球直線吊球練習法：乙由右場區發高遠球（圖248），甲回擊對角高球；乙也回擊一對角高球，甲吊一直線網前球；乙也放一直線網前球，甲挑一直線高球；乙回擊一對角高球，甲再回擊一對角高球，乙吊一直線網前球，甲放一直線網前球；乙挑一直線高球，甲回擊對角高球，回復至開始，反覆進行。發球者也可從左邊發球，順序相同。

③ 對角高球對角吊球練習法：乙從右場區發高遠球

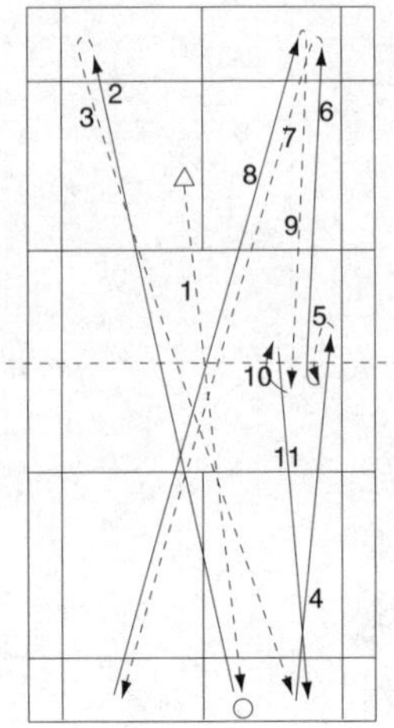

四、羽毛球運動基本技術訓練

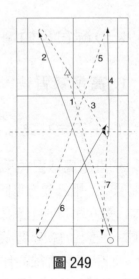

圖248　　　　　　圖249

（圖249），甲回擊對角高球；乙吊對角線球，甲挑直線高球；乙甲回擊對角高球，甲吊對角線球；乙挑直線高球，反覆進行。發球者也可從左邊發球，順序相同。

（2）不固定球路高吊練習法

此即「兩點打四點」或「四點打兩點」練習法，是一種綜合高吊練習的高級階段練習方法。練習者甲只是站在後場兩邊移動，採用高球或吊球控制練習者乙，而練習者乙只能回擊到甲的後場兩邊。

相對於練習者乙來說，是訓練快速移動接高吊的能力；對兩點打四點高吊的甲來說，則是練習高吊手法一致性的較好方法；對四點打兩點接高吊的乙來說，則是練習控制全場能力的較好方法，可提高快速判斷、控制對方兩底線及全場的快速移動能力。

2. 高殺練習法

（1）固定球路高殺練習法

① 直線高球對角殺練習法：練習者雙方均可同時練習直線高球和對角殺球，以及擋球和挑球，具體球路與直線高球對角吊球一樣（圖 250）。如發球者從左邊發球，球路也一樣。

② 對角高球直線殺球練習：具體與對角高球直線吊球一樣。

③ 對角高球對角殺球練習：具體與對角高球對角殺球一樣。

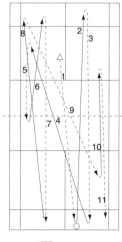

圖 250

（2）不固定球路高殺練習法

① 高殺對接高殺練習：練習高殺者甲可任意打高球（平高球），一般不超過 3 拍，結合殺球。甲打高球，接高殺者乙也要還擊高球；如甲打殺球，乙可擋直線或對角網前；甲可上網放網，接高殺者乙再挑至底線高球，反覆練習。練習時，一方採用高殺進攻，一方接高殺全場防守，一段時間後交換練習。

② 高殺對高殺搶攻練習：雙方均可採用高球或殺球練習。這是一種搶攻練習法，既練高殺技術也練搶攻意識。

3. 吊殺練習法

（1）定點吊殺練習法

① 吊直線殺對角練習法：發球者由右區發高球，練吊

四、羽毛球運動基本技術訓練

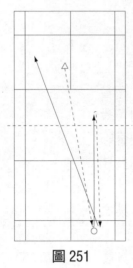
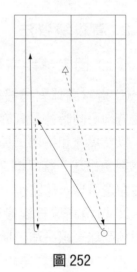

圖251　　　　　　　　圖252

殺者先吊直線球，對方接吊挑直線球，練習者殺對角球。
這種練習中，一方可練吊殺，另一方練接吊殺，練一段時
間後交換，雙方均可練到吊殺和接吊殺（圖251）。

②吊對角殺直線練習法：球路如圖252所示。

③吊直線殺直線練習法：球路如圖253所示。

④吊對角殺對角練習法：球路如圖254所示。

以上列舉的均以挑球一方挑直線球為例，如果挑球方
挑對角球，那麼具體的固定球路又有不同。總之，固定球
路可根據訓練需要而設定，以上列舉的只是其中的幾種，
可以變化。

（2）不固定吊殺練習法

①吊殺對接吊殺練習法：練習吊殺者可任意吊或殺，
如對方打吊球，接吊殺者要回擊高球；如對方打殺球，可
擋直線或勾對角線球。此時，練習者上網放網前球，接吊

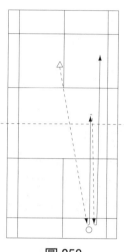

圖253

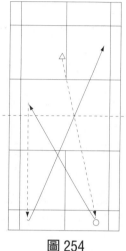

圖254

殺者再挑高球，反覆練習。這種練習，一方是練習吊殺上網進攻，另一方是練習接吊接殺防守練習，一段時間後交換練習。

②吊殺對吊殺搶攻練習：雙方均可採用吊球或殺球，這是一種搶攻的練習法，既練吊殺技術也練搶攻控網意識，是一種高水準運動員採用的進攻練習。

4. 高吊殺練習法

採用高吊殺綜合練習標誌著已到較高水準的階段，故不必採用固定球路的練習，一般採用不固定球路練習。在形式上可採用如下幾種方法。

（1）半邊場地高吊殺綜合練習法

即在半邊場地上，進攻一方以高球（平高球）、吊球和殺球進攻對方，防守方以擋、挑、放網來防守，這樣，

一方練進攻技術，另一方練防守技術。由於場地範圍小，便於防守和進攻，所以初級者常採用這種練習方法。

（２）全場高吊殺對接高吊殺練習法

一方練高吊殺，另一方練接高吊殺，難度和強度均較大。這種練習方法，基本接近實戰。練習進攻時可用高球、平高球、吊球、劈球、殺球、抽球，在網前可用放網球、搓球、推球、勾球，而接高吊殺者可練習防守高球、挑球、擋球、勾球，這樣全部基本技術都可練習到，因此是一種最好的綜合技術練習方法。

（３）高吊殺對攻練習法（一人對一人）

雙方均可採用高吊殺、搓、推、勾控制對方，而對方則應想法進行守中反攻，因此，是一種難度和強度都大的綜合攻守練習。

（４）一對二攻守練習法

它和高吊殺對接高吊殺一樣，一人是高吊殺全面進攻，二人是全場防守。這種練習方法適用於一人水準高，需要二人防守才能守得住的情況，增加進攻者難度時也可採用這種練習方法。

（５）二對一攻守練習法

進攻一方是二人，而防守一方是一人，這就更增加了防守者的難度，是一種全場防守練習方法。

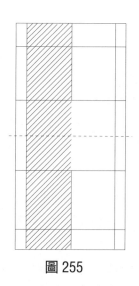 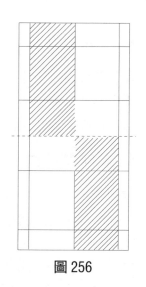

圖 255　　　　　　圖 256

（6）二對一的高吊殺對攻練習法

　　不論是二人一方還是一人一方，均可採用高吊殺進攻對方，這是提高全場攻守能力的練習方法

(四)練習形式

1. 單球直線單邊對練法

　　練習者在左區或右區用單球進行直線單邊對練（圖255）。

2. 單球對角單邊對練法

　　練習者在對角區，使用單球進行對角單邊對練（圖256）。

3. 多球對練法

練習者雙方均可用兩個球，當失誤時，不用去撿球，而將手中的球再發出去，以增加練習時間和擊球次數，是一種增加強度和密度的訓練方法，適用於單、雙打練習。

4. 多球單練法

練習者是一個人，採用多球訓練。根據訓練要求，採用不同的路線、速度和組數、個數，由教練員發多球給練習者練習。

當一人練完一組之後，可休息一定時間，換另一名練習者練習。這種多球練習是增加難度和強度的一種好方法。為了保證有一定密度，練習者最多不超過三人一組，最好是兩人一組。雙打練習也常使用多球練習法。

5. 多人陪練法

這種練習法在單打中一般較多採用二對一的陪練法，它對提高練習的難度、強度和密度均有好處，如二陪一進行高吊、高殺、吊殺、高吊殺等練習都能收到較好的效果。在雙打中常採用三對二練習攻守，甚至增加至四對二，即三人或四人進攻，二人練習防守，是一種能較明顯提高防守能力的訓練方法。

五、羽毛球運動戰術

　　戰術是指運動員在比賽中為表現出高超的競技水準戰勝對手而採取的計謀和行動。

　　戰術與技術、身體素質、心理素質之間是互相聯繫、互相依存、互相制約的辯證關係。技術、身體素質是戰術的基礎，心理素質是戰術的保證。

　　比賽中良好的技術、身體素質、心理素質總是在具體的戰術配合、戰術行動中體現出來。先進的戰術可以積極地促進技術、身體素質、心理素質的提高。

　　選擇戰術首先不能脫離自己的實際情況，要根據自己的技術水準、打法、身體素質、心理素質等情況以及對方的情況，在擊球一瞬間選擇對自己有利的回擊球路。「以己之長，克敵之短」或「以己之短，克敵之劣」就是最正確、最佳的戰術選擇。

　　「以我為主、以快為主、以攻為主」是我國羽毛球戰術的指導思想。

　　「以我為主」即不要脫離自己的技術、身體素質、心理素質、打法特點去選擇戰術。

　　「以快為主」即在戰術的變化和轉換上要體現「快」的特點。發現對方技術、戰術優缺點後，改變戰術要快、要及時，進攻轉防守、防守轉進攻、過渡轉進攻、進攻轉過渡的轉換速度都要快，要抓住有利時機迅速轉換。

「以攻為主」即在制訂戰術時要強調進攻的主導思想，在防守時也要強調積極防守。

(一)單打戰術

1. 單打進攻戰術

(1) 發球搶攻戰術

發球搶攻是比賽的重要得分手段，發球可根據對手的站位、回擊球的習慣球路、反擊能力、打法特點、精神和心理狀態等情況，運用不同的發球方法，以取得前幾拍的主動權。由這一戰術的運用，打亂對方的整個戰略部署，讓對方措手不及。特別是在關鍵時刻，運用發球搶攻戰術能取得不同的效果，如相持時可以用它來打開僵持的局面，力爭主動；領先時可以用它來乘勝追擊，一鼓作氣戰勝對手；落後時可以用它來作最後的拼搏，力挽狂瀾，反敗為勝。

① 發前場區球搶攻戰術：前場區球有發 1 號區球、2 號區球、1 號與 2 號之間區球，發追身球等（圖 257）。

發前場區球的目的主要是為了限制對方立即進行攻擊，另一目的是由準確、有意識地判斷對方的回擊球路，組織和發動快速強有力的

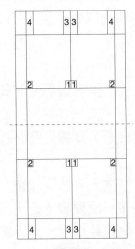

圖 257

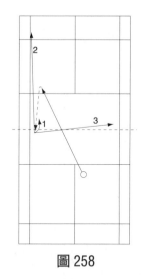

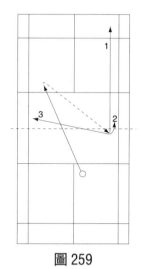

圖 258   圖 259

搶攻，如搶攻品質好，可達到直接得分或獲得第二次攻擊機會。在一般情況下，發前場區球主要以發 1、2 號之間的球和追身球為主，這樣比較穩妥，不至於造成失誤。如果我方發出一個較高品質的前場區球，緊接著應迅速而準確地判斷對方的回擊習慣球路及其意圖，然後調整好自己的站位，以利於抓住有利戰機，發動進攻。

　　如圖 258 所示，我方從右場區發一個 1、2 號之間球，對方回擊一直線網前球，我方已判斷到對方的球路，即迅速上網進行搶攻，這時有 3 條有效球路，即快速反搓直線球（圖 258 中的 1），或假動作平推直線底線球（圖 258 中的 2），或勾對角網前球（圖 258 中的 3）。如第一次搶攻品質好，可立即得分或創造第二次攻擊機會。

　　發前場區球搶攻戰術的其他例圖如圖 259—264 所示。

　　② 發平高球搶攻戰術：發平高球有發 3 號區、4 號

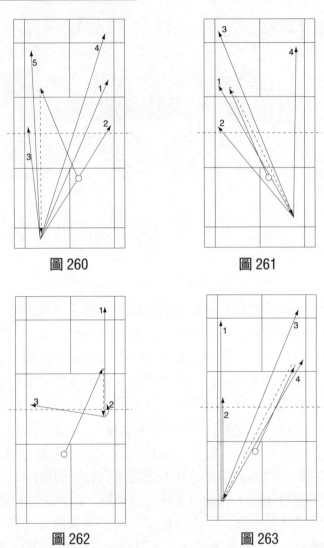

圖 260　　　　　　　　　圖 261

圖 262　　　　　　　　　圖 263

區、3 號與 4 號區之間 3 種。

　　發平高球搶攻戰術和發前場區球搶攻戰術的不同點在於發前場區搶攻可直接抓住戰機，而發平高球搶攻則要由

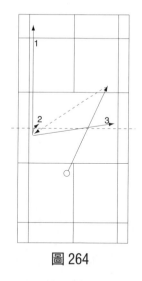

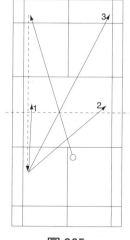

圖 264　　　　　　　　圖 265

守中反攻的手段才能獲得搶攻的機會。

　　發平高球的目的，一是為了配合發前場區球搶攻；二是為了讓對方盲目進攻，或在我方判斷的範圍之中進攻，使我方能從防守快速轉入進攻；三是造成對方由於失去控制而直接失誤。

　　如圖 265 所示，當對方從右後場區殺一直線球時，我方已判斷到對方的球路，即迅速轉體，選擇以下 3 條守中反攻球路，即擋一直線網前球（圖 265 中的 1），或勾一對角網前球（圖 265 中的 2），或反抽一對角底線球（圖 265 中的 3）。如以上擊球品質好，可立即得分或能創造第二次進攻機會。

　　發平高球搶攻戰術的其他例圖如圖 266—271 所示。

　　③ 發平射球搶攻戰術：發平射球主要是發 3 號區（圖 272）。發平射球戰術的目的，一是為了偷襲，如對方反應

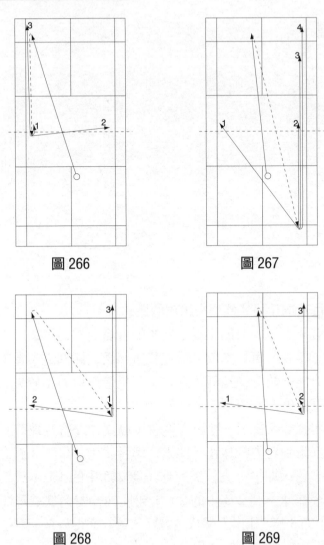

圖 266　　　　　　　　圖 267

圖 268　　　　　　　　圖 269

慢，或站位偏離中線，3 號區空隙大時，偷襲該區成功率
較大；二是為了逼對方進行平抽快打的打法；三是為了把
對方逼至後場區而造成其網前區的空隙。

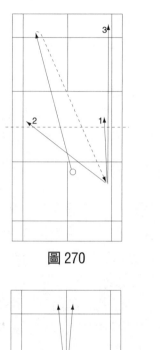

圖 270

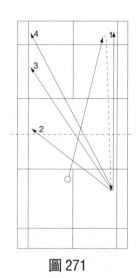

圖 271

圖 272

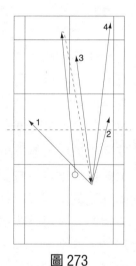

圖 273

　　如圖 273 所示，當對方從右後 3 號區殺我方正手追身球時，如我方已判斷到他的回擊球路，則可迅速反擊以下 4 條球路，即勾對角網前球（圖 273 中的 1），或擋直線網

前球（圖273中的2），或反抽直線球進行對攻（圖273中的3），或反拉左後場平高球（圖273中的4），如搶攻品質好，可立即得分或獲得第二次進攻機會。

運用發球搶攻戰術應注意的幾個問題

上面提到了發球品質高和搶攻品質好，所謂品質包括擊球的時間、擊球的弧度、球的落點、球的速度、出球的路線5個方面。

所謂品質高，即出手擊球的時間快，能破壞對方的起動；發前場區球弧度較平，過網時高度不過高（平高球要越過對方跳攔的高度）；球的落點到位；球的速度快，殺球有一定的速度和力度；出球的路線符合戰術的需要。以上幾個方面達到了要求就可稱之為品質高。

上述文中還提到我（發球）方已判斷到對方回擊的球路，怎樣才能判斷到對方回擊的球路呢？這個問題是屬於戰術意識問題，可參閱本書的戰術意識部分。

當判斷到對方球路後，如何站位、如何起動才能更有利於搶攻這是個涉及步法的問題，在這裏就不多闡述。當然，要完成搶攻，離不開判斷、調整站位和起動。

上述發球搶攻中提到的都是如何搶攻，而且都是假設在判斷準確的前提下，而實際比賽中並非如此。因為，接發球方也在判斷發球方發球搶攻的意圖，肯定要擊出不符合發球方所判斷的球路，所以發球搶攻與接發球搶攻就形成了鬥智、鬥謀、鬥果斷、鬥反應、鬥速度的局面。因此，發球方在採用發球搶攻戰術之前，首先要判斷對方接發球的習慣球路和習慣打法，然後調整好自己攻擊時的站位，並靠迅速反應起動達到發球搶攻的目的。

如果對方回擊出一個你發球時意想不到的球路，那麼你可能處於被動。此時，應力爭把球回擊到對方的後場，轉入防守。

發前場區球是否屬於搶攻戰術呢？這主要取決於發球方是否有搶攻的意識，如果發前場區球的目的是想搶攻，那就可以說是採用了發球搶攻戰術；如只是為了避開對方後場強有力的攻擊而以發前場區球過渡，則不屬於發球搶攻。

發球搶攻戰術通常由發前場區球、發平高球、發平射球 3 種發球技術組成，因此在進行發球搶攻戰術時，一定要根據對方的站位、習慣使用的技術和球路、心理狀態等情況，採用不同的發球來組織。

例如，對方站位偏前，可發平高球；對方站位偏後，可發前場區球；對方站位偏邊線，可發平射球偷襲對方 3 號區；對方攻擊力差，可發平高球；對方反應慢，可發平射球；對方接發前場區球習慣放網前球，可發前場區球後快速上網搶攻；對方站位適宜，但心情急躁，可佯做發前場區球姿勢和動作，但在擊球一瞬間，改發平高球等，這些都會取得搶攻的有利形勢。

發球搶攻屬於一種比較有效的戰術，但不可能經常使用。總之，要有所變化，要虛虛實實，要結合發高球把對方的注意轉移至處理高球狀態，然後再採用發球搶攻，這樣，戰術效果就會更好些。

（2）接發球搶攻戰術

接發球搶攻是接發球中最具威脅的一種戰術，但前提是對方的發球品質欠佳，例如發高遠球時落點不到位，發

前場區球過網時過高，發平射球時速度不快、角度不佳，發平高球時節奏、落點、弧度不佳等，都會造成接發球搶攻的機會。離開了這一前提條件，盲目地進行接發球搶攻，效果差，成功率低。除此以外，還要有積極大膽的搶攻意識。要獲得接發球搶攻戰術的成功，還要根據自己的技術特點和身體條件，同時結合對方的技術特點、身體素質和心理素質。

當對方從右場區發一平高球落點欠佳，已出現我方發動搶攻的極好時機時，應如何組織搶攻才能奏效呢？

首先要在瞬間分析和判斷對方發平高球不到位是有目的的還是由於發球控制不好所造成的，如是有目的的，那要謹慎，不能隨便進攻，要控制好自己的身體重心，進攻後要能控制全場，特別是前場區；如是對方未控制好發球，則要果斷大膽地搶攻，除要運用自己最擅長的技術外，還要考慮到對方的弱點和優點，有針對性地組織搶攻戰術。

接發球搶攻戰術的完成要有兩三拍搶攻路線的組織才能奏效。所以，一旦發動搶攻，就要加快速度，擴大控制面，抓住對方的弱點或習慣路線，一攻到底，一氣呵成，完成一個組合的搶攻戰術。

圖 274 表示，發球方從右場區發一平高球，由於控制得不好，使接發球方有了可搶攻的機會，而且發球方防守中路球的能力差，故接發球方可大膽快速

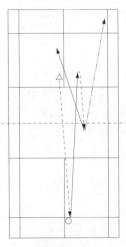

圖 274

地攻擊對方中路弱點，然後快速上網。第一次攻擊如能得分最好，不能得分就要靠上網快速進行第二次攻擊，即上網撲球，以達到這個回合的搶攻目的。

（3）單個技術的進攻戰術

① 重複平高球進攻戰術：這種戰術的特點是以重複平高球進攻對方的同一個後場區，甚至可連續重複數拍。如圖 275 所示，致對方於死地，或逼對方擊出一個半場高球，以利我方進行最後一擊。這種戰術對付回動上網快、控制底線能力差，以及側身後退步法差的對手很有效果。

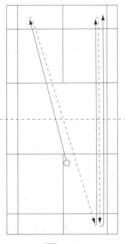

圖 275

圖 276—282 均屬於重複平高球戰術的例子。

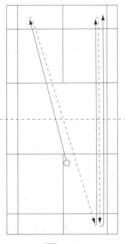

圖 276

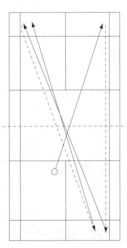

圖 277

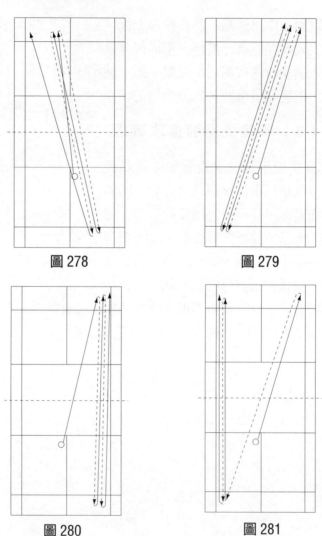

圖 278　　　　　　　　圖 279

圖 280　　　　　　　　圖 281

②拉開兩邊平高球進攻戰術：這種戰術的特點是使用平高球或挑平高球連續攻擊對方兩邊後底線，以求獲得主動權，或逼對方採用被動戰術，以利我方進行最後一擊

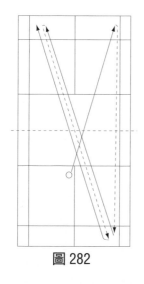

圖 282

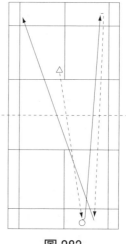

圖 283

（圖 283）。採用這種戰術，要求擊球方控制平高球的出手速度和擊球的準確性、爆發力與動作的一致性等都比較好。對付回動上網快但兩底線攻擊能力差的對手是很有效的。圖 284—290 均屬於拉開兩邊平高球戰術。

以上例圖只以兩拍為例，但實戰過程中，有時可以創造出最後一擊的機會，有時也需要經過反覆數拍才能完成。這種戰術，重點是將球擊到對方兩底線處，迫使其回擊出有利於我方進攻的球。另外，這種戰術也只以對方回擊高球為例，當對方以吊、殺、劈球回擊時，運用此戰術也可將球壓至對方底線處，從而爭取主動再採用吊殺劈戰術。

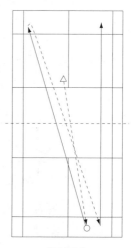

圖 284

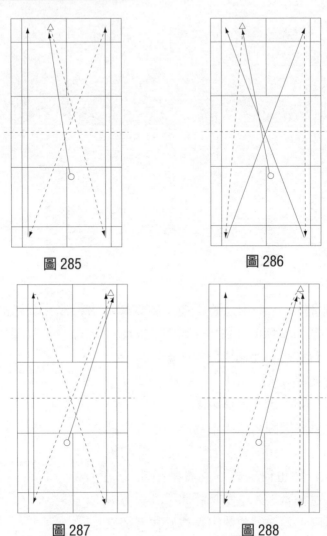

圖 285　　　　　　　　　　圖 286

圖 287　　　　　　　　　　圖 288

③ 重複吊球進攻戰術：這種戰術的特點是重複吊兩邊球或吊一點球，以求獲得主動攻擊權，一般在以下 3 種情況下採用：一是對方上網步法差；二是對方打底線球不到

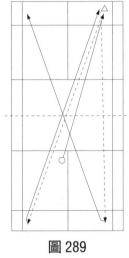

圖 289

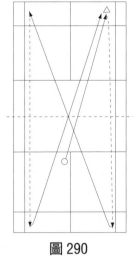

圖 290

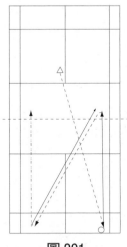

圖 291

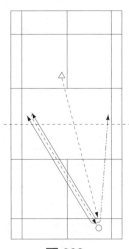

圖 292

位，而急於後退去防守我方殺球時；三是我方吊球技術較
好，並能運用假動作（圖 291）。

　　其他球路如圖 292—298 所示。

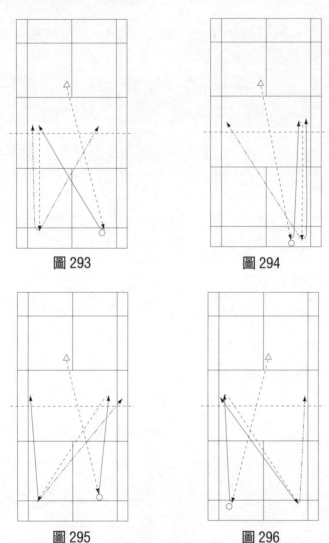

圖 293　　　　　　　圖 294

圖 295　　　　　　　圖 296

④慢吊（軟吊、近網吊）結合快吊（劈吊、遠網吊）
進攻戰術：所謂慢吊（軟吊、近網吊）是指將球從後場吊
至網前的速度較慢、弧度較大、落點離網較近。採用此種

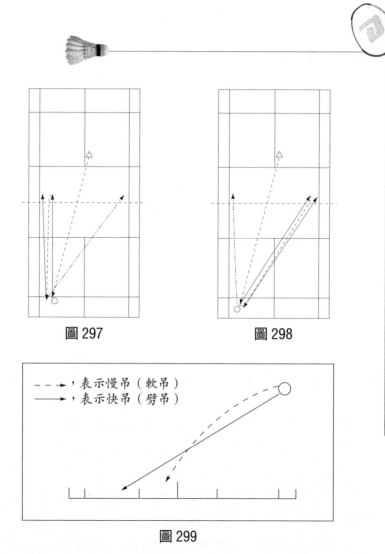

圖 297　　　　　　圖 298

- - - ➤，表示慢吊（軟吊）
——➤，表示快吊（劈吊）

圖 299

技術結合平高球是為了達到拉開對方站位的目的，有時也可直接得分。

　　所謂快吊（劈吊、遠網吊）是指將球從後場吊至網前的速度較快，出球基本成一直線，落點離網較遠，如圖299所示。這是一種當對方站位被拉開，而身體重心失去控制的一瞬間所採用的戰術。

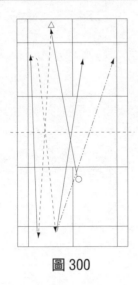 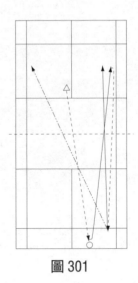

圖 300 　　　　　　　　圖 301

⑤ 重複殺球進攻戰術：當遇上一位防守中習慣反拉後場球的對手時，就可採用重複殺球的進攻戰術（圖 300、301）。採用這種戰術時，首先要瞭解對手是屬於上述的情況，然後先運用輕殺或短殺。此時，我方不能急於上網，而要調整好自己的位置，以利採用重複殺球的戰術。

⑥ 長殺結合短殺（點殺、劈殺）進攻戰術：長殺結合短殺是指「直線長殺，對角短殺」，它比直線短殺結合對角長殺效果更好。在圖 302 中，因為直線長殺結合對角短殺造成對方接殺球時需移動的距離（圖 302 中 1）比較長，增加了防守的難度，而直線短殺結合對角長殺所需移動的距離（圖 302 中 2）則較短，從圖 303 中也可清楚地看到這兩種方法的對比。

⑦ 重殺結合輕殺進攻戰術：半場重殺、後場輕殺就是這一戰術的概括。當我方由拉吊創造出半場球的機會時，

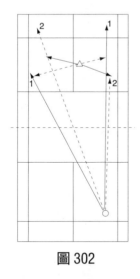

圖 302

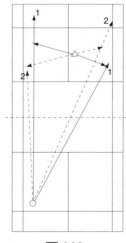

圖 303

應該採用重殺戰術；反之，如球在後場，我方還想採用殺球時，一般多用輕殺。儘管半場球用重殺時即使是失去身體重心也不至於造成控制不了網前的局面，可是，如果在後場採用重殺時萬一失去身體重心，上網慢了，就控制不了網前，而輕殺可使自己保持較好的身體重心位置，有利於下一步控制網前。

⑧ 重複搓球進攻戰術：當碰到對方上網搓球之後習慣迅速後退的對手時，我方就可採用重複搓球戰術。如圖 304 所示，可達到獲得主動的機會及破壞對方後退進攻意圖的目的。其他情況如圖 305—307 所示。

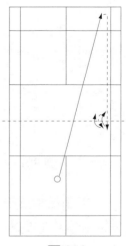

圖 304

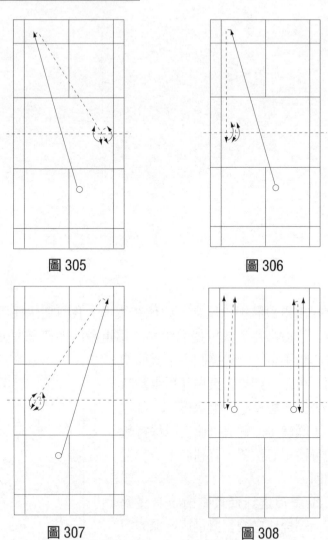

圖 305　　　　　　　　圖 306

圖 307　　　　　　　　圖 308

⑨ 重複推球進攻戰術：當碰到從後場攔網前球之後迅速回動至中心的對手時，我方就可採用重複推球的戰術，特別是反手網前推直線球威脅更大（圖 308）。

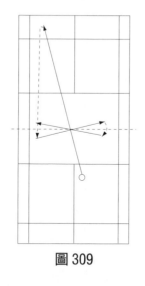

圖 309

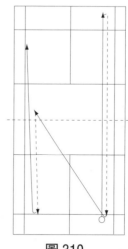

圖 310

⑩ 兩邊勾球進攻戰術：當我方從網前勾對角網前球，對方回搓直線網前球，並退後想進攻時，我方可再勾一對角線球。運用這一戰術來對付轉體差的對手時更有效果（圖 309）。

以上所介紹的單個技術的進攻戰術主要指各種技術的重複戰術。要想運用好，首先要練好該技術的基本功，然後根據比賽場上對手的實際情況採用某種單一重複戰術，以發揮其更大威力。

（4）組合技術進攻戰術

① 以平高球開始組織進攻戰術：這種戰術，實際上就是所謂的「快拉快吊結合突擊」，包括平高吊結合突擊戰術（圖 310）、平高結合吊劈戰術（圖 311）和平高結合殺吊戰術（圖 312）。單打比賽中，一個球的爭奪一般有 3

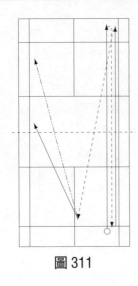 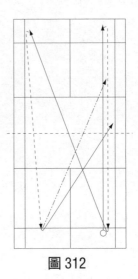

圖 311　　　　　　　　圖 312

個階段,即控制與反控制階段、主動一擊階段和最後致命
一擊階段。

　　例如,我方從正手後場區開始以直線平高球攻擊對方頭
頂區,對方想擺脫被動局面,反打一對角平高球,企圖讓我
方回擊直線高球,以便造成對方主動,此時我方已意識到對
方打平高球的意圖而反壓對方頭頂區(採用重複平高球戰
術),逼對方回擊一直線高球,而且使對方移開了中心位
置,獲得了主動一擊的戰機,並迅速地採用吊劈對角球,從
而控制了整個局面。此時,對方很被動地接回一個直線網
前球,我方判斷到對方只能這樣回擊,很快上網做了個搓
球假動作後迅速地推一直線,造成對方被動回擊一直線半
場高球,形成我方最後一擊的形勢。我方大力殺中路追身
球,對方只能應付擋一網前球,而且回擊品質不好,我方
迅速上網撲球解決了這一回合的爭奪。

圖 313 中的 1—2 拍屬控制與反控制階段，3—4 拍屬主動一擊階段，5—6 拍屬致命一擊階段。此乃我方掌握了主動權直至攻死對方的戰例。但實戰中，掌握了主動權或是已到主動一擊階段，由於出球品質差或對方回擊品質好，而又失去主動權反被對方攻死的戰例也不少。在進行控制與反控制的爭奪主動權的回合中，一定要穩、要準、要活。一旦獲得了主動一擊戰機時，必須快而準地抓住，而且最後一定要狠。在處理每個

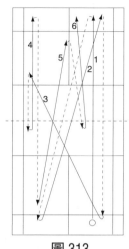

圖 313

球時要清醒地判斷自己所處的情況，不應混淆 3 個階段來處理球，例如在尚未獲得主動一擊的情況下，不應採用主動一擊的行動，更不應採用最後一擊的行動。

總之，在每一個回合的爭奪戰中都要清醒地處理每個階段的球，既不能超越階段來處理，也不能滯後階段來處理，以免造成被動或失去主動權。

採用以平高球開始組織進攻的戰術時，必須考慮如下幾個條件：首先，自己具備較好的平高球控制和防守對方進攻的能力；其次，對方的後場進攻能力不是太強，他不是一個搶攻型隊員；第三，對方的步法移動有弱點，我方由高吊可以控制他。否則就難以取得比較滿意的效果。

② 以吊劈開始組織進攻的戰術：這種戰術也就是吊殺控制網前進攻的戰術，包括上網搓創造突擊進攻戰術（圖314）、吊上網推創造突擊進攻戰術（圖315）、吊上網勾

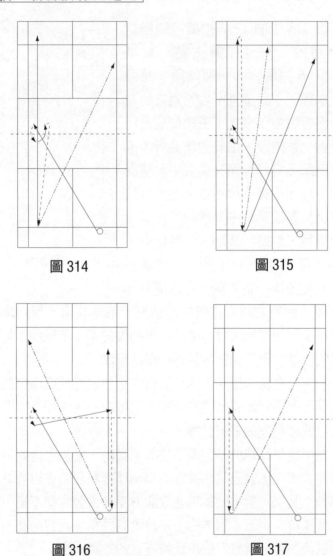

圖 314　　　　　　　　　圖 315

圖 316　　　　　　　　　圖 317

創造突擊進攻戰術（圖 316）、吊殺進攻戰術（圖 317）。
採用這些戰術時，首先自己要具備較好的吊球（劈吊球）

技術；第二是對方上網能力較弱；第三是對方後場進攻威力很強。總之，是為了不讓對方發揮優勢而採用這種戰術。

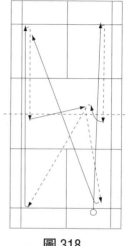

圖 318

③ 以殺劈開始組織進攻戰術：以殺劈開始組織進攻的戰術屬於搶攻型隊員的典型戰術，威脅很大，如圖 318 所示。採用此種戰術打法必須具備良好的速度和耐力，以及較好的殺劈上網控制網前的技術和步法。20 世紀 60 年代以方凱祥為代表的一些運動員採用過這種戰術，但目前已很難看到我國優秀選手中有這種打法。其特點是以快速殺劈上網搓或推、勾、撲控制網前球，創造出第二次的殺劈機會。只要有機會，採用這種打法的隊員就要採用殺劈技術組織有效的進攻戰術。

④ 以控制網前球開始組織進攻的戰術：當對方常發網前球時，我方想組織進攻，就必須從控制網前球開始。但是，首先必須具有較快的上網步法，同時還必須具備較好的搓、推、勾、撲一致性較強的技術。有了這兩點才能有效地組織這一戰術，如搓撲進攻戰術（圖 319）、推殺進攻戰術（圖 320）、勾撲進攻戰術（圖 321）、撲殺進攻戰術（圖 322）等。圖 323 表明：在這幾個回合擊球中，就採用了 3 個網前的主動技術搓、推、勾來創造最後一擊的撲殺機會。

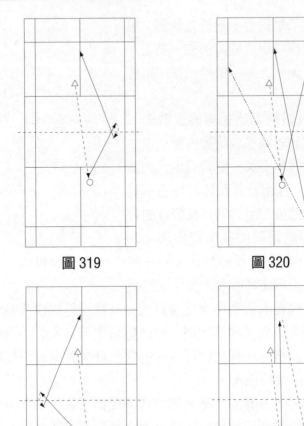

圖 319　　　　　　　　圖 320

圖 321 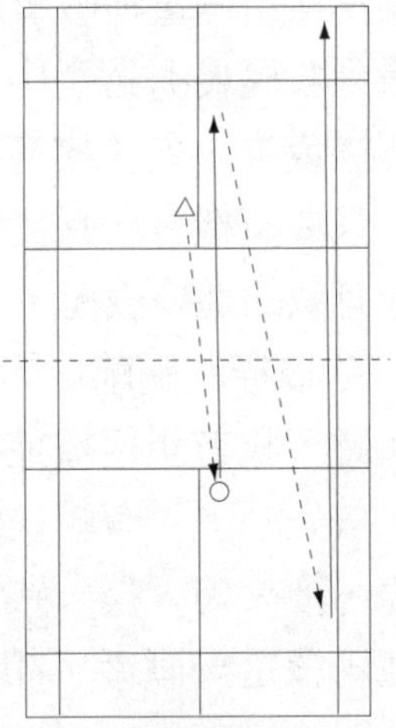　　　　　　　　圖 322

⑤ 以路線和區域組成進攻戰術

A. 對角路線的進攻戰術：即無論採用什麼技術，都以回擊對角路線來組織戰術，特別是當對方打直線球、我方

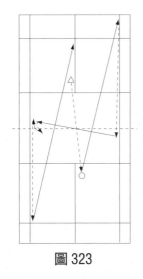

圖 323

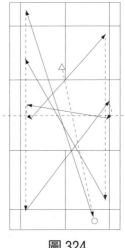

圖 324

以對角路線回擊之時，對付轉體慢的對手是很有效的一種進攻戰術（圖 324）。當然，這種戰術要靈活運用，以免產生不利於自己的局面。

　　B. 三角路線的進攻戰術：採用這種戰術的原則是針對性要強，即當對方回擊直線球時，我方就打對角球；反之，對方回擊對角球時，我方就打直線球。這種戰術的特點是可使對方移動的距離最長，難度較大，只要能準

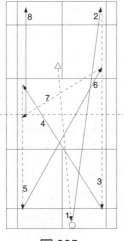

圖 325

確地判斷對方回球的路線，採用這種戰術是比較有威脅的（圖 325）。

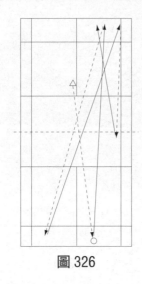

圖 326

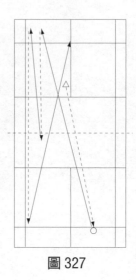

圖 327

C. 攻後場反手區進攻戰術：採用這一戰術時首先是要有針對性，即對方反手區有較大的弱點，如他的側身步法差，回擊頭頂球之後位置易被拉開，反拍技術較差，頭頂區球路死板，對我方構不成威脅，此時，我方採用這種戰術成功率就會較高（圖 326）。

D. 攻後場正手區進攻戰術：針對對方後場正手區有較大的弱點，例如他的正手側身步法差，回擊正手區後位置易被拉開，且正手區的球路對我方構不成太大的威脅，採用此戰術效果較好（圖 327）。

E. 攻後場兩邊的進攻戰術：採用這一戰術，要針對對方後場兩邊有較大的弱點，例如後退步法慢，後場手法差，進攻能力和後場反控能力都較弱，這時採用重複壓對方底線的兩角戰術效果較好（圖 328）。

F. 攻前場區進攻戰術：採用這一戰術是針對對方前場

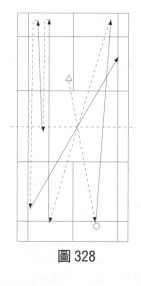

圖 328

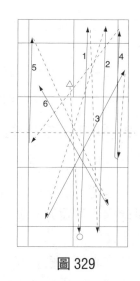

圖 329

區較弱，如他的上網速度慢，步法有缺陷，前場手法差，從前場擊出的球路及品質對我方威脅不大，這時採用這一戰術效果較好。

　　以上介紹的單打進攻戰術是分解各個技術的簡述，其實在比賽中單獨使用某一種戰術而得分的機會不多，高水準的運動員雙方都是經過多拍的控制與反控制才能獲得主動出擊的機會，直至採用致命一擊，所以應該組合使用多種戰術，抓住對手的主要弱點進行組合攻擊才能奏效，也不易很快被對方識破所用的戰術。如圖 329 所示，開始的1—2 拍是使用重複平高球攻擊對方頭頂區，造成對方被動後第 3 拍採用對角殺戰術，4—5 拍採用重複推戰術，造成對方陷入更被動局面，第 6 拍採用對角殺劈得分。如果在控制中由於出球品質不好，或對方早已判斷到你擊球的目的，他就有可能由被控制反為控制我方。因此，獲得了主

動權時，要以熟練而準確的基本技術和較強的思維能力，根據對方的站位、技術和戰術優缺點與心理情況等，來考慮下一個擊球的路線，組成靈活多變的進攻戰術，才能牢牢地控制主動權，取得最後勝利。

2. 單打防守戰術

防守戰術的原則是積極防守、守中反攻，而不是消極防守。因此，防守是在自己被動情況下，由調整戰術，達到排除對方進攻奪回失去的主動權所進行的有組織、有目的的戰術行動。

防守必須具備較好的防守能力（包括手法與步法）才能做到積極防守或守中反攻，如具備較好的回擊後場高遠球的能力，起動反應快，步法到位，有較好的反擋底線、勾對角球、擋及反抽球的能力，才能用好守中反攻和積極防守的防守戰術。

（1）打兩底線高球的防守戰術

這一戰術和打兩底線平高球進攻戰術不同之處在於高遠球是作為防守時使用的技術，而平高球是作為進攻時使用的戰術，在使用上一定不要混淆；進行防守時只能使用高遠球，如用平高球防守，則會增加防守的難度。反之，也不能將高遠球作為進攻戰術來使用（圖330）。

（2）採用勾對角網前結合擋直線網前或直線半場球的防守戰術

在防守中採用勾對角網前戰術，對積極防守、守中反

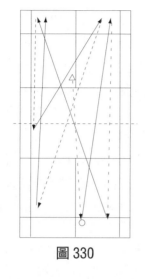

圖 330

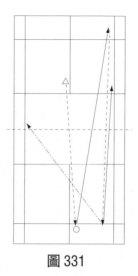

圖 331

攻很有效果，如果防守中再結合擋直線網前或擋直線半場球，那麼，防守戰術就會更加靈活多變和更有威脅性。當然，要用好這一防守戰術，必須具備準確判斷對方進攻落點的能力，反應要及時，並具有靈活多變的手法，才能打出擋直線結合勾對角的球，並達到守中反攻的目的（圖331）。

3. 根據對手情況制定的單打戰術

（1）根據對手步法優缺點制定的戰術

① 對付起動、回動慢的對手：由於對手起動、回動慢，因此我方應採用以快拉快吊突擊進攻為主的戰術。要慎用或不用重複戰術。

② 對付起動、回動快的對手：由於對手起動、回動

快，因此，採用各種重複戰術比採用拉開戰術會有更好的效果。

③ 對付上網快、後退能力差的對手：這種對手一般情況下控制網前球的能力較強，而控制兩底線的能力較弱，特別是上網後的後退能力就更差。因此，我方採用先引他上網再推或快拉兩底線的戰術比較有效。

④ 對付側身轉體能力差的對手：對付這種對手，應多採用對角球戰術，特別是劈殺對角球路會有較好的效果。這種戰術打法對付步法起動慢、側身轉體技術差的歐洲選手較有效。

⑤ 對付正手後退步法差的對手：我方採用以攻正手後場區為主的進攻戰術較有效。

⑥ 對付頭頂側身後退較差的對手：我方採用以攻頭頂後場區為主的進攻戰術較有效。

⑦ 對付兩邊上網步法差的對手：我方採用以重複吊兩邊為主的進攻戰術會較有效。

⑧ 對付低重心較差的對手：這種對手一般防守能力較差，我方應多採用以殺劈、吊為主的戰術。總之，多打對方下手球，讓對方必須降低重心去接球，以便暴露其弱點。

（2）根據對手手法上的弱點制定的戰術

① 對手反拍及頭頂手法差。對付這樣的對手，我方應多採用以重複攻反手後場區為主的戰術，逼對方以其弱點打球，這樣效果較好。

② 對手手腕閃動慢、擺臂速率慢。這種對手由於手腕

發力差，擺臂慢，其擊球一般要有一定的擺臂及閃腕發力的時間，否則就很難把球打到底線。因此，我方採用以發球搶攻為主戰術，特別是發平射球後採用打平推身上球的戰術逼對方打平快球，就可充分暴露其弱點。

③對手防守近身球手法較差。遇到這樣的對手，當我方獲得致命一擊的機會時，一定要採用以殺追身球為主的戰術，這樣效果較好。

④對手網前手法不凶不穩，而且無威脅。對付這樣的對手，用以攻前場區為主的戰術效果較好。當對手打網前球時，儘量多用重複搓和勾球的戰術，大膽與其鬥網前球。當對方打後場球時，要儘量多打吊劈球，以儘快控制其網前。

⑤對手後場手法不凶，平高、殺、劈無多大威脅。對付這樣的對手，要用以攻後場區為主的進攻戰術，儘量多採用平高球或高遠球控制其後場區。如果我方被動，則儘量少打網前球，多打後場過渡球，以利防守並轉入反攻。

⑥對方手法突出，威脅性較大，但不穩。遇這種對手時，首先要付出很大的精力防守對方突出的幾拍進攻球。在無把握的情況下，不能隨意亂攻，因對方手法突出，亂攻必然出現漏洞，會遭對方致命打擊。因此，只要能多堅持幾拍，就有可能逼使對方失誤。但是，如果我方也是進攻型打法且不善於防守，那麼就得「先下手為強」了。

⑦對手手法不突出，但比較穩。這種對手一般防守能力較好，我方在進攻時不要太冒險，太勉強。首先，在進攻中要先穩後狠，快中求穩。如果穩不住，對方不須反攻就能由於我方的頻頻失誤而獲勝。因此，對付這種對手時

要有足夠的耐心，要有足夠的體力及毅力，再加上合適的戰術球路，才能戰而勝之。

（3）根據對手身材、體態及身體素質的優缺點制定的戰術

① 對手個子矮小，後場攻擊能力差。遇這類對手時，採用以重複拉開後場兩邊或快速高吊為主的進攻戰術都是很有效的。當然，這類對手中也有個子矮但後場攻擊能力強的，這時，就要多採用「下壓」戰術來限制其後場攻擊力的發揮。

② 對手身材高大，轉體與步法不靈，但殺上網好。對付這樣的對手，首先要重視其殺上網好的這一優點，當他殺上網時，不但要守得住，而且要抓住他轉體與步法不靈的弱點，以勾兩對角球來阻撓和破壞其優點的進一步發揮。當我方主動控制時，應多採用打側身轉體的球路，殺、劈、勾會更有效。

③ 對手速度快，突擊能力強，但耐力差。遇這類對手時，要盡最大努力與其周旋，多打幾個回合，逼使其暴露出耐力差的弱點，他失去了優勢，我方就可戰而勝之。

④ 對手速度慢，突擊能力差，但耐力好。遇這類對手，首先不能跟著他的節奏打，而應採用以快速高吊突擊進攻為主的戰術，破壞其節奏，採用變速突擊進攻更為有效。

⑤ 對手靈活性和協調性差。對付這種類型的對手，應採用以假動作擊球為主的戰術。由於對方靈活性、協調性較差，一旦受假動作迷惑，他就不易及時調整自己的重

心，造成不到位或失誤。

⑥ 對手髖關節柔韌性較差，伸展面小，低重心差。我方應以下壓戰術為主，而且要打離身遠的球，使其暴露伸展面不大的弱點。

⑦ 對於肩關節及腰部較僵硬。我方以攻頭頂區為主的進攻戰術即可抓住對方的弱點。

（4）根據對手心理上的弱點制定的戰術

① 對手易被激怒。我方應有意識地採用一些動作、球路、表情、態度去激怒對方，從中漁利。這是很巧妙的戰術，如應用得當，可獲得意想不到的效果。

② 對手易洩氣。這種對手一般毅力差，只能打領先球。因此，我方一定要努力打好開局和第一局球，這樣對方就有可能暴露易洩氣的弱點，我方可抓緊有利時機擴大戰果，不給對方喘息的機會，一鼓作氣戰而勝之。

③ 對手注意力轉移能力差。這種對手由於注意力轉移能力差，易受假動作的騙。因此，我方以聲東擊西的假動作戰術為主，可以收到較好的效果。

④ 對手不能儘快調動自己。由於對手不能儘快調動自己進入最佳競技狀態，所以一開局他就會顯得活動不開，發揮不出正常水準。此時，我方應在充分做好準備活動的基礎上，一上場就採用快速突擊的戰術，在對方處於低潮狀態時戰勝他。

⑤ 對手易緊張、膽怯。首先應在心理上戰勝對手，要發揚敢打敢拼的作風，在氣勢上壓倒對手，哪怕在技術上低於對手也要下決心拼搏到底。因為拼搏過程中對方可能

緊張失控，步法移動僵硬，從而失誤增多，為我方得分創造機會。

⑥ 對手易受對方情緒的影響。這種對手的特點是易受對方情緒的影響，你無精打采地擊球，他也會變得無精打采；你在比賽場上隨意玩球，他也會跟著耍球；你很認真地比賽，他也會認真地對待。碰上這種對手，就應該充分利用他的這一弱點，裝做無精打采或隨意玩球，可是自己卻在準備抓住有利時機進行致命一擊。這樣對方往往會上當受騙，導致失敗。

⑦ 對手容易鬆懈，驕傲自大。遇到這樣的對手時，不要被他的驕傲氣勢所壓倒，即使暫時落後也不要鬆勁，反而要增強信心。因對方領先時易鬆懈，我方盡力拼搏到底，就有可能在對手鬆懈之時迎頭趕上，增大對手的心理壓力，從而戰而勝之。

⑧ 對手愛冒險。愛冒險的對手，一般在領先至快勝利時、或落後要失敗時、或體力不足時，總之是在關鍵時刻經常會做出一些冒險行為，例如發難度很大的平射球、殺難度很大的邊線球、做一個很大的假動作、搓一個很滾很貼網的球、擊一個很平的平高球、劈一個很邊又很貼網的對角球等等，總之，以冒險達到不是你失誤就是我得分的目的。發現對方有冒險行為時，一定要集中注意力判斷好他可能做出的任何冒險行動，在戰術上要以穩對狠，切不可跟著他貿然行事，因為冒險動作做多了的後果必然是失誤。因此，碰到這種情況時，只要冷靜對待，一般是可以獲得成功的。

以上根據對手心理上的弱點制定的戰術，是很微妙的

戰術，也是重要的戰術，這種「心理戰術」的每一個行動、每一個動作都有可能給對方增加心理壓力，因此，這一戰術雖然沒什麼較明確的戰術球路，但只要運用得當，即可事半功倍；只要能認真仔細觀察、及時判斷對方的心理特點，並有一定的心理對策，就會比較容易達到戰勝對手的目的。

比賽之前，在場外已開始進行「心理戰」，即自己與自己戰，自己與外界環境戰，這時若不能戰勝自己，不能戰勝外界環境的壓力，那麼，可以說你已經失敗了一半。因此，一定要下工夫去學習、掌握、提高這門「心理戰」的藝術，在上場前就能戰勝自我、戰勝外界，再戰勝對手就比較容易了。

（5）根據對手在打法上的弱點制定的戰術

① 對手能攻而不善守。要集中力量攻其不善守的弱點，並且要付出很大的精力防住對方進攻的習慣路線，從戰術上要搶攻在先，因此，發球搶攻戰術和殺吊控網戰術都是相當有效的。

② 對手能守而不善攻。如果對手防守技術較好，我方不要在尚未控制好網前的情況下貿然發動進攻。要進攻就必須攻得準、攻得狠，並且還能上網控制網前，這樣對方就難以抓到我方之弱點。

③ 對手不善分配體力。這種對手一般是進攻型的選手，一開局就會發起快速搶攻或硬攻，想一鼓作氣取勝。因此，我方如能在開局時頂住他的猛烈的攻勢或多周旋幾個回合，消耗其體力，即可在最關鍵時刻，從體力上戰勝

對手。

④ 對手球路變化不大。這種對手最大的弱點就是不會根據賽場雙方的情況來制訂戰術和組織球路，而是按自己較熟練的球路來組織戰術。因此，賽前應充分瞭解對手情況；如不瞭解，也要在比賽中儘快熟悉對方的習慣球路，以便在比賽中找到戰勝他的辦法。

以上介紹的是羽毛球單打的進攻與防守戰術，以及根據對手情況制定的應變戰術，而且只談及原則的應變辦法。必須注意，戰術、球路是千變萬化的，不可能一成不變，應根據自己的具體情況、對手的情況，以及臨場的具體情況去制訂應變的和採用更為切合實際的戰術與球路。不能生搬硬套，最關鍵的是能靈活運用。

(二)雙打戰術

1. 雙打進攻戰術

(1) 發球戰術

雙打中，發球的戰術具有特別重要的意義。發球品質的好壞，從戰術意義上說，直接影響到場上的局勢。因此，運用好發球戰術，有利於控制整場局勢，對獲勝有重要意義。

① 以我為主的發球戰術：首先必須清楚地瞭解自己發球有什麼優勢，第三拍有什麼優點，不應過多考慮對方接發球的能力，應根據我方發球與第三拍的能力來組織發球戰術。

② 根據對方站位、站法來決定發球戰術：目前接發球的站法有 4 種，即一般站位法、搶攻站位法、穩妥站位法和特殊站位法。

A. 一般站位法：特點是站在離中線和短髮球線適當的距離，主導思想是以穩為主，保護後場，對前場以推、搓、放半場為主。

發球時要以發近網 1、2 號位為主，多點配合，使對方不能集中精力，這樣對方就不可能打出較兇狠的球（除了我方發球偏高之外），這時的主動權取決於第三拍的回擊品質。

B. 搶攻站位法：特點是站位離發球線很近，身體傾斜度較大，目的是要進行搶攻，以撲球、跳殺為主來處理接發球。

發球時首先要洞察對方站位的目的是要進行搶攻還是怕自己接發球不好陷入困境而想冒險，還是想要以此來威脅恐嚇我方，判斷準確了才能以恰當的發球手段來對付之。我方發球應以品質為主，結合時間差或假動作，達到破壞對方想搶攻或冒險恐嚇的目的。

C. 穩妥站位法：特點是站在離發球線遠一些的位置上，身體傾斜度較小。這是只求把球打過去而進攻意識較差的一種過渡站位法。

發球時不要發高遠球，應該以發網前球為主，因為對方站位消極，必然起動慢，我方發近網球有利於第三拍的反攻。

D. 特殊站位法：一般站位都是左腳在前，右腳在後，但特殊站位法改變為右腳在前，左腳在後，這種站位法一

般以右腳蹬跳擊球，不論是上網或後蹬，均以一步蹬跳擊球。發球時，在還不瞭解對方改變站法的目的及其優缺點的情況下，還是要以我為主發球，但要儘快掌握對方的目的及其優缺點，從而制訂有效的發球戰術。

③ 根據對方打法弱點制定的戰術

A. 調動隊形的發球戰術

對方情況：甲後場進攻能力較強，網前封網一般。其隊形安排為甲在後場，乙在前場。

發球戰術：向甲發球時，多發前場區球；反之，向乙發球時多發後場區球。這樣，一開始就會把對方的隊形調動為甲在前、乙在後，限制對方發揮其隊形優勢。

B. 避開特長，抓住弱點的發球戰術

對方情況：在接發右場區 1 號區時撲球較好，接 2 號區一般，接 3 號區較差，接 4 號區一般。而在接發左場區 1 號區時較好，接 2 號區較差，接 3 號區球路死板且失誤多，接 4 號區攻擊力差。

發球戰術：根據對方上述接發球特點，我方就應該在右場區更多發 3 號區結合發 2 號區和 4 號區，而在左場區則應更多發 2 號區和 3 號區，以利避其長而擊其短。

④ 發球時間變化戰術：發球時間變化要做到快慢結合自如，使對方摸不到準確的擊球時間。要掌握好這種快慢結合的發球戰術，就一定要有熟練的手法動作及合理的用腕技術。否則，即使在時間上起到了破壞對方起動的作用，但因發球品質太差也達不到目的。

⑤ 發球的其他變化戰術：發球時要做到軟硬結合、長短結合、直線對角結合。

A. 軟硬結合的發球戰術：對方要接好這種發球，其接發球動作必須有變化，如無變化，就會因為過來的球速有快、有慢、有軟、有硬、有輕、有重而造成接發球失誤或處理不好而失去主動權。

B. 長短結合的發球戰術：發球時要注意發後場區（即3、4號區）和前場區（即1、2號區）結合好。對方要接好這種發球，在起動、判斷上就要有前蹬和後蹬起跳擊球的變化，如對方不注意判斷或起動，就會造成失誤或處於被動局面。

C. 直線和對角結合的發球戰術：前場區的1、2號位結合，後場區的3、4號位結合，都是直線和對角相結合的發球戰術，這種戰術可以起到破壞對方精力集中於某一點的作用，迫使對方打出的球路品質不佳和威脅性不大的球，從而有利於我方反擊。

以上介紹的有關發球的戰術，如果離開了最基本的發球品質，那麼，發球的戰術意義就不大了。例如我方在戰術的運用上很成功，但由於發球品質不好，對方在起動慢的情況下也還能勉強進攻。可見，發球品質是第一重要的。當然，只有品質而忽視了其他戰術的配合也不妥，那樣很容易被對方抓住發球的時間和路線的規律。總之，品質和戰術要很好結合才能達到我方從發球開始所要達到的目的。另外，切不可忘記練膽量、練意志，做到關鍵時刻不手軟，威脅面前不害怕，冷靜沉著膽量大，靈活多變信心強。

（2）接發球戰術

接發球的戰術指導思想——「快字當頭、以穩為主、

狠變結合」應貫徹始終。「快字當頭」體現了我國羽毛球技術風格，因為如果沒有「快」，就很難在前幾拍爭得主動權，反而會處於被動挨打的局面。只有「快」，才能體現積極主動、快速進攻的風格，體現中國運動員積極向上、力爭上游的思想風格和精神面貌。

「以穩為主」也很重要，因為如果接發球不穩，失誤率高，就會讓對方輕鬆得分。當然，「以穩為主」是針對對方發球品質較高的情況，如果對方發球不好，那麼能快則快，能狠則狠，做到狠變結合。

① 以我為主的接發球戰術：以我為主就是要根據自己在左場區或右場區的接發球優勢、特長來處理接發球，而不考慮對方第三拍如何打，即以自己特長打法為主，結合一些改變的路線。

② 根據對方發球品質的好壞來處理的接發球戰術：當對方發球品質好時，應該採用過渡的技術去處理接發球，然後封住對方的路線，才能爭得主動。當對方發球品質不高時，就應該抓緊這個有利時機採用快速撲兩邊、撲中路、輕撥兩邊半場、撲中路半場等辦法，爭得主動權。

總之，這一戰術的原則是要根據對方發過來球的品質情況，立即作出判斷，並採用有效的技術去爭取主動權，而不能一成不變地採用固定的接發球技術和路線。

③ 根據對方處理第三拍的優缺點來處理的接發球戰術：例如對方甲在後場接第三拍時站位靠後，接反手區的球及中路球較差，我方在接發球時，就要考慮到對方的這些弱點，一是反手區，二是中路區，三是半場區。這時，就要儘量以己之長攻彼之短，甚至不惜改變自己的打法去

攻對方的弱點，以爭得主動權。

（３）第三拍回擊的戰術

　　第三拍在雙打技術中既是重要技術，也是重要戰術。第三拍和發球有緊密聯繫，如果我方發球目的性強，發球品質又較好，那麼，第三拍就能保持繼續進攻。如果雖然目的性強，但發球品質不高，而對方也打出了意料之中的路線，這時，第三拍就應考慮如何組織反攻。如果發球目的性不強，品質又差，那麼，第三拍就應考慮如何擺脫被動局面。因此，第三拍是保持主動、組織反攻、擺脫被動局面的關鍵環節。第三拍要做到起動反應快，主動跟得上，被動救得起，手法出手快，能攻又能守，球路變化多，使對方封不住，從而創造更多的主動權。

　　① 主動時，第三拍保持進攻的戰術：當我方發球品質較好時，就會出現第三拍的主動情況，這時，要求在前場的發球者迅速舉拍封住對方的習慣球路，形成兩邊壓網的進攻隊形。

　　例如，從右場區發 2 號區發得較好，對方回擊網前球或放半場球，這時發球者立即跟進至左場區封住頭頂半場和網前，同伴移至右場區，成並排隊形，以形成進攻優勢（圖 332）。

　　這時如果對方推後場區，那麼，由於發球品質好，來球必然有

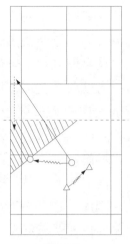

圖 332

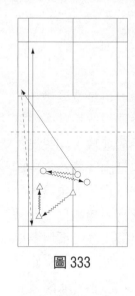

圖333

一些向上，這時，後場的同伴要立即採用高打、快打，把球迅速向下壓，最好是壓到接發者這個場區。這時，前面的隊員封住對角球路，後場擊球人要立即跟進，形成兩邊壓網的局面，以保持進攻之隊形（圖333）。

總之，一旦主動時，要求前後場的人都要能做到高打、快打、狠打、硬打，以壓住對方。打完之後要跟進壓網，形成分邊進攻的隊形，爭取在前半場攻死對方。

② 一般情況下第三拍進行反攻的戰術：所謂一般情況，即對方接發過來的球對我方形成一種不主動也不被動的形勢，這時，第三拍處理得好就可控制主動權，反之，就變成被動了。因此，此時的出手技術一定要有一定品質，具體要求做到高打、快打，但過網品質要高，球路要出乎意料，做到以速度壓住對方，然後以分邊壓網之勢，爭得前半場之優勢。迫對方打出高球，讓我方進攻。在這種情況下，分邊逼網、大膽而快速的兩邊跟進與對方展開短兵相接的對攻戰，是爭取主動的關鍵，因此，第三拍、第五拍的配合是重要環節。

具體路線如圖334所示，問題是我方後場人處理球時對方前者（a）可以採用高壓打法，對方後者（b）只能平抽。因此，我方平抽技術如不過關，過網不平、不快又無球路變化，就易變成被動，反之就會獲得主動。

③ 被動時，第三拍擺脫被動的戰術：這是第三拍經常

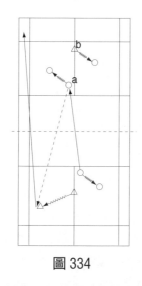

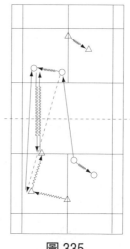

圖 334　　　　　　　　圖 335

碰到的問題，可以分兩種情況處理，即一是對方接發球之後兩邊壓網的打法較凶，對前半場的球封得較狠。碰到這樣的對手，第三拍被動時一般要求我方反應較快，手腕爆發力也較強，迅速地把來球反擋或拉到兩邊後底線高球，過渡一下，讓對方從後場進攻，以免被對方在前半場封住而攻死（見圖 334）。二是對方接發球之後，兩邊壓網的打法不凶，而且平抽平擋的打法不突出，這時如果被動，有以下兩種處理辦法：

　　A. 反擋的網前球要有速度，而且過網要低、要平，不能翹高，用力必須適當（如果用力太大，球過網後必然還要繼續上升，容易被對方撲死或壓死）。如果力量適當，過網又較低、較平，對方只能採用推的辦法，要往下撲也是不太可能的。這時我方要立即跟進，採用半蹲對打對攻的辦法，爭取從被動中轉為主動（圖 335、336）。

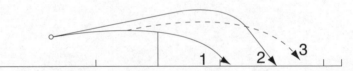

1 表示要求的過網弧度
2 表示翹高的過網弧度，易被封死
3 表示反擋用力過大，球繼續上升的弧度

圖 336

B. 根據對方兩邊壓網的打法不凶的特點，可以採用勾兩邊對角線的打法。因為對方壓網不凶，勢必有一邊網前漏洞較大，因此，被動時勾一個對角網前球也可轉守為攻。勾對角之後同伴要逼上網前，自己則跟進一步，這樣，就可轉守為攻，轉危為安（圖 337）。

（4）第四拍封網的分工戰術

第四拍封網的戰術，實際上就是兩人如何分工封網跑位的問題，分工明確、嚴密，兩人跑位配合默契，就有利於控制主動權；反之，就有可能陷入被動。

A. 如對方發球至 1 號區時，我方從右場區回擊中路或右後場區，這時前場接發者封網位置略偏左場區，後場同伴注意頭頂後場高球和正手網前球（圖 338）。

B. 如對方發球至 1 號區，我方從右場區回擊直線半場球時，可按圖 338、339 的原則，封網須封直線球，但如遇到對方第三拍習慣以勾對角線為主時，封網者應有意識地改變自己封直線的原則，而改變為封對角，如有漏封則後場同伴要迅速補上，如補得快還可獲主動，補得慢就陷入

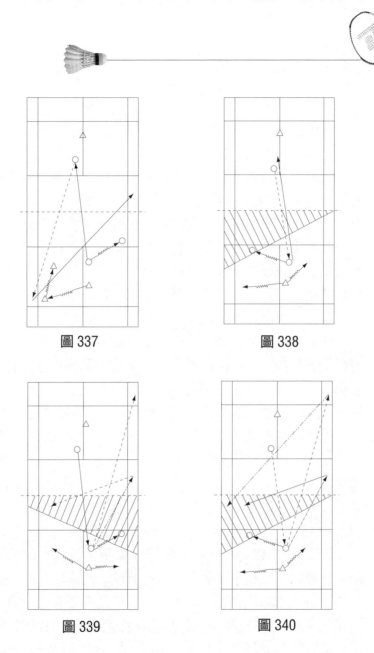

圖337　　　　　　　　圖338

圖339　　　　　　　　圖340

被動，補不上則失誤（圖340）。

　　當對方從右場區發至 2、3、4 號區及從左場區發至

1、2、3、4 號區時的封網規律和以上基本相似。

經由以上分析，我們可以得出第四拍接發球方封網分工的一個普遍的規律：

一般是球到對方右場區，就封住自己的左場區；球到對方左場區，就封右場區，即所謂的封住對方的直線球路，而這一規律的特定條件是我方接發球時獲得主動。如接發球尚未處於主動時還按此規律去執行，往往會在第三拍時被對方較好的反擊破壞掉。當然，第三拍時對方的習慣球路是我方封網分工的依據。因此，接發球品質和路線配合優劣，都會直接影響到全場的主動與否。

如果接發球品質好，緊接著就是第四拍如何封得緊、封得快、封得狠，以便把進攻保持下去，即所謂連得上。若第四拍意識和技術跟不上（即封不緊、封不快、封不狠），則會破壞已形成的進攻局面，甚至會陷入被動。因此，除了發球、接發球、第三拍外，第四拍的訓練也是極其重要的，切不可放棄訓練，最好是採用二打二的前五拍訓練方法。

（5）攻人戰術

① 二打一戰術：這是一種經常運用、行之有效的戰術，它體現了「集中優勢兵力打殲滅仗」的原則，就是進攻的一方把球都攻對方一人（甲），而此人防守能力差，心理素質差，常失誤，或防守無威脅，因此，不論球和他成直線或對角，都進攻此人。當然，如果進攻已創造出網前半場球時，也可以突然殺對角或向另一人（乙）進攻，以求得分。進攻方的輪轉方法，可採用左右移動的方式，

也可採用前後分邊移動的方式，或兩種方式相結合，但是，目標要明確，扣殺的路線要準確（圖341）。

　　這種戰術可以達到如下的目的：可以多打少，以優勢打劣勢，造成主動或得分；有利於打亂對方防守的站位，另一個（乙）非被攻者，由於無球可打，他站位會偏向同伴，造成站位上的空檔，有利於我方突擊另一邊線而成功；也可以造成對方心理上的矛盾，互相埋怨。如果對方防守有一定能力，這種戰術也可運用，但要能

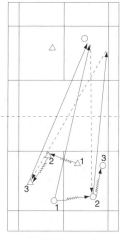

圖341

靈活地結合攻擊另一人或結合另一種戰術才能使進攻戰術有效。

　　② 攻右肩戰術：此種戰術可以攻一人的右肩，也可以攻兩人的右肩，但是，目標應該明確，每一擊的落點都要準確地攻擊其右肩。因為，這一點是防守的弱區。我方不僅容易得分，也容易獲得更大的主動權。一般情況下對方不易挑底線球，而只能應付打平球，使得我方同伴可以在網前區封住球而得分。

　　（6）攻區域戰術

　　① 攻中路戰術：這種戰術就是不論對方把球打到左場區或右場區，我方進攻的落點，都應集中在二人的中間，或者扣在中線上。當然，怎樣扣殺才會使對方兩人都感到好接而搶接，或感到難接而都未接，那就要根據對方防守

習慣或站位情況來決定。例如對方甲防守能力強，乙防守能力差，防守時甲就會靠近乙，想盡量彌補乙的弱點，這時，攻中路的落點就應該靠近乙的位置。

具體打法還要根據對方挑出球的落點及對方的站位來決定。如對方把球挑到右場區靠邊線的地方，對方的站位必定是和扣殺者成直線（站位靠邊線），以保護邊線，而另一位同伴則逼近中線。因此，我方如扣在中線，就不可能達到攻中路的戰術目的了。這時攻中路必須扣在中線偏左邊一些的地方。

攻中路戰術可達到如下目的：造成對方搶球或放球，可以限制對方挑出大角度的球，有利於我方網前的封網。

② 攻直線戰術：這是一種最簡單的戰術，一般初學者均採用此種戰術。所謂攻直線就是殺球路線均為直線，沒有固定的目標物件。只靠殺球速度或重量來取得得分效果。從這個戰術細分出來的一些戰術仍屬於這一戰術範疇，如殺直線小對角、殺邊線等。

A. 殺直線小對角（小交叉）戰術：當獲得進攻時，第一次攻甲的反手邊，如甲挑直線高球，第二次攻甲的正手邊，球路形成小交叉。如對方把球挑至對角，我方可殺乙的反手邊，乙如挑直線，再殺其正手邊。當然，在進攻時不一定就是一左一右，也可以是二左一右或二右一左，這就是殺直線小對角的辦法（圖342）。

這種戰術可對付左右兩邊擺臂較差的防守者，使其來不及調整或者防守失誤或者防守品質差，比較有利於我方組織進攻；在配合上比較簡單，也易封網，是女隊常用的戰術。

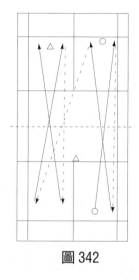

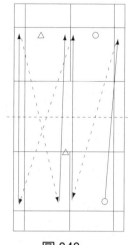

圖 342　　　　　　　　圖 343

B. 殺邊線戰術：它屬於殺直線戰術的一種，就是在進攻時有目的地把球殺到邊線位置上。此種戰術是對付對方兩邊防守較好的隊員，而且也有利於同伴網前封直線球。

C. 攻邊、攻中路戰術：如圖 343 所示，這種戰術是攻邊線戰術和攻中路戰術的結合。當對方的來球靠邊線時，就攻直線，朝雙打邊線打；如果對方來球在中間時，就朝中路進攻。這是一種比較複雜的進攻戰術，不易被對方立即識破，便於我方較長時間地運用。也比較容易記得和貫徹，還便於網前封網者判斷封網球路。

殺邊線球對進攻者要求殺球準確性要高，對防守者防守難度較高，但進攻效果不錯，便於進攻方網前的同伴封直線球，對方很難打其他路線。

③ 攻大對角戰術：攻大對角戰術即不論球到左區或右區都採用扣殺大對角的路線（圖 344）。例如球在右後場

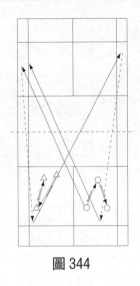

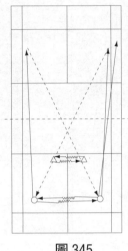

圖 344　　　　　　　　圖 345

區，甲扣大對角（攻至邊線那一邊），這時對方挑一直線高球，乙立即後退跳起，再扣一個大對角（也是至邊線那一邊）。

這種戰術要有一定條件，那就是進攻方兩人都要有一定的扣殺力量和速度。如扣殺力量小，採用這種打法往往不會成功。

這種戰術可以造成連續扣殺的有利形勢，扣殺角度大，輪轉快，來球力量大，速度快，因此較有威脅。它還可以分散對方的精力，使我方進攻成功。

這種戰術只能作為一種突擊打幾個回合的配合運用，不能較長時間運用。一旦對方識破我方意圖，不給我方連續扣殺的機會，即擋一直線網前或勾一對角網前，就難以實施大對角戰術了。所以此戰術比較適用於善拉後底線兩角的對手，但也不能長時間運用。

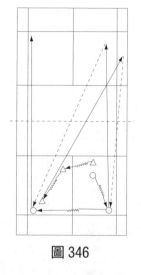

圖 346

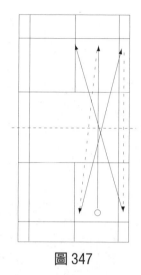

圖 347

（7）混合戰術

①一人攻直線一人攻對角戰術：這種戰術往往適用於這樣的攻方，即有一個人（乙）後場攻擊力差而網前好，另一人（甲）是後場攻擊好而網前差一些，為了讓攻擊力差的乙能多時地保持在前場而採用。也就是攻擊力好的甲如在後場，則以攻直線為主，並在後場左右移動圖345；如果攻擊力差的乙在後場進攻時，則以殺對角線為主，採用前後移動分邊隊形，這樣乙很快就輪到了網前（圖346）。

這種戰術有利於發揮我方較強的進攻威力。由於是兩種戰術的結合，不易被對方發現，故可時間較長、較靈活地運用。

②攻直線結合攻中路戰術：這也是兩種戰術的結合運用，也屬於常用的戰術，其中包括攻直線小對角結合中路戰術和攻右肩結合攻中路戰術（圖347）。從右場區獲得

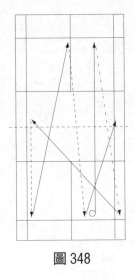

圖348

進攻機會時先攻直線小對角再結合殺中路。

這種戰術基本屬於攻直線的範圍，有利於網前同伴的封網，容易貫徹執行，也有變化。

③ 殺球結合吊球戰術：此種戰術也可簡稱為殺吊戰術或吊殺戰術。是先殺後吊還是先吊後殺，都要視當時雙方的情況而靈活使用。當然，關鍵在於吊球的品質要好，能使用殺球動作。但出手一瞬間改變為吊球，而且吊球落點比較近網，以打亂對方的防守陣腳，為我方再次組織進攻創造機會（圖348）。

④ 半殺結合長殺，輕殺結合重殺戰術：這些都是在扣殺技術上的變化。半殺要求速度快，落點在發球線後一些的位置上，對方要向前移動才能防守好。對方移向前挑起之後，我方立即扣一個長球。所謂長球即比較平的扣球，球從肩上過，落在後底線。這樣一下一上，如果對方反應慢一些，就會因處理不當而造成防守不好或失誤。

當我方連續大力扣殺（重殺）時結合一個輕殺，球速慢而輕，因此到達對方半場的時間也延遲，這時對方防守的動作反應如和前幾拍一樣，必然會造成出手太快而防守不好或失誤。

⑤ 攻弱點的戰術：這種戰術應用比較廣泛，是針對對方在技術、思想、心理、配合上的弱點進行攻擊的戰術，如攻人戰術、攻正手右肩上戰術、攻膽小者的戰術等，均

屬於這一範圍。

2. 幾種具體的雙打防守戰術

雙打防守是在我方被動情況下，由兩人的共同努力，為阻礙和干擾對方進攻奪回失去的主動權所進行的有組織、有目的的戰術行動。防守是為了轉被動為主動，為了最終的進攻。如果對防守意義認識不足，就會陷入單純防守、被動挨打的被動局面。

我們提倡的防守是「積極防守」「守中反攻」，而不是「消極防守」。在思想上要求做到沉著冷靜，分清主動被動。主動時不失時機搶進攻；被動時不盲目反攻，而是大膽轉入防守，心不慌，創造機會及時反擊轉入進攻。在技術上要求做到放得開，手不軟，弧度適當，路線好，看準時機反擊，速度快，跟進搶位好，平擋、勾對角空檔抓得好，守中反攻轉換快。

（1）幾種防守技術的要求與作用

① 挑高遠球（包括後場回擊高遠球）：這是防守中常出現而且必須運用的技術。網前被動挑出的高遠球，要求弧度高，至底線時垂直（圖349）。這種技術的作用是放慢速度，使對方不能很快進攻，而且可以迫使對方到底線去進行攻擊，減少對方的攻擊力量，有利於我方進行守中反攻。但在整場比賽過程中不能過多地使用，以免放慢整個速度，不利於發揮以快為主的打法。這種技術只能在較被動時運用。一般被動時提倡挑平高球。

② 挑平高球（包括中後場回擊平高球）：要求打出去

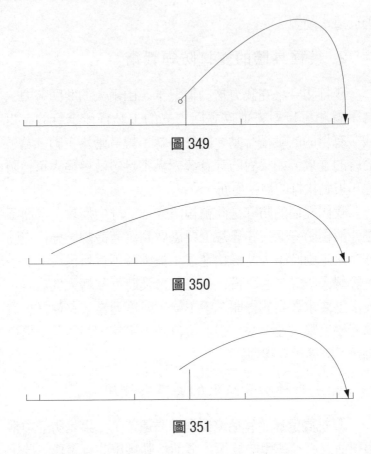

圖 349

圖 350

圖 351

的球弧度能過對方封網者，因此，弧度的高低就要根據對
方封網者的高度、彈跳及反應的能力來決定（圖 350、
351）。

這種技術的運用比較符合「積極防守」「守中反攻」
的原則。因為所挑或打出的球弧度較低，球速必然加快，
就迫使對方要迅速移動才能保持連續進攻，不然就不能進
攻或只能勉強進攻；路線簡單，有利於判斷和做好反攻的

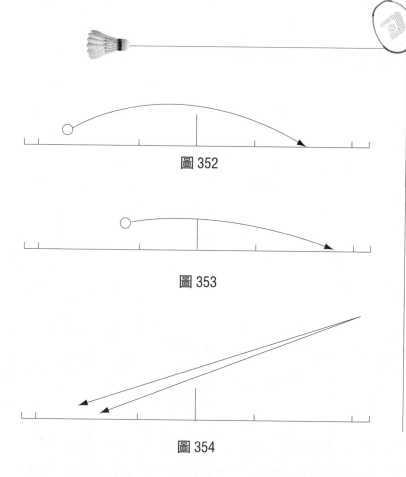

圖 352

圖 353

圖 354

準備，特別是有利於具有較強的半蹲式防守能力的人防守反擊，儘快地進行「守中反攻」。

③反抽平球、半蹲抽擋：這兩種打法（圖352、353）從其防守的性質來說屬於守中反攻的反擊型打法。它的弧度平、速度快，落點不一定要到底線，關鍵是平、快。但從其特點看又有差異，反抽平球是採用站立式防守，大部分是用反拍擊球，防守範圍寬，對方扣殺較深（近網）的球時只要站位靠前些還可反擊，但較怕對方扣較平的球（圖354）。不過當反抽平球之後立即跟進搶佔有利站

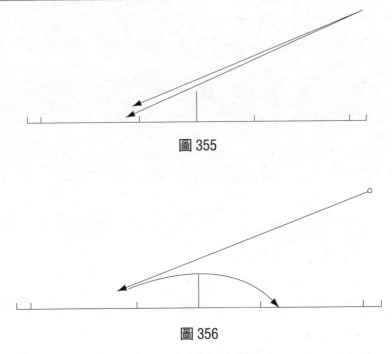

圖 355

圖 356

位，改用半蹲抽擋就能達到守中反攻。半蹲防守，所採用的是正手身前抽擋，防守範圍是由下肢力量大小和反應快慢來決定的，這種防守怕對方扣較深的（近網）左邊球（圖 355），而喜歡對方扣平球。半蹲抽擋比反抽平球反擊性更快、更強。因此，要想更快守中反攻就一定要學會並掌握兩種反擊性很強的防守技術。

④ 擋網前球：這種打法（圖 356）是採用站立式或半蹲式均可把球擋到網前，弧度平，要求貼網而過，落點不一定很近網，但要有一定的速度。擋網後跟進動作的快慢是最重要的，跟進快就可轉守為攻，跟進慢就還要被動挑球。

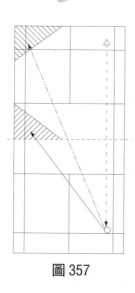

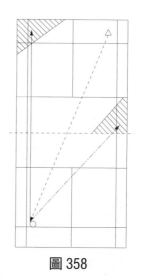

圖 357　　　　　　　　　圖 358

⑤ 勾對角網前球：這種技術跟前面所談的擋網前球基本一致，只是在球路上有所差異，一個是擋直線，一個是勾對角線網前球。要求和作用也一樣，也是「守中反攻」不可少的基本技術。

（2）幾種守中反攻的戰術

在掌握守中反攻戰術之前，必須對於進攻方的漏洞規律有一個比較全面的瞭解。按一般規律而言，從左場區進攻直線後的漏洞在對角網前和對角後場（圖 357 中畫斜線處），如進攻對角則漏洞在對角網前和直線後場（圖 358 中畫斜線處），從右後場進攻直線的漏洞在直線網前和對角後場（圖 359 中畫斜線處），從右後場區進攻對角後的漏洞在對角網前和直線後場（圖 360 中畫斜線處），這是一般規律，條件是進攻者為前後場分工。但如果對方是採

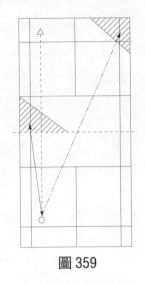

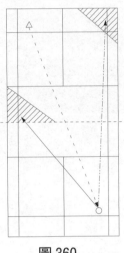

圖359　　　　　　　　圖360

用殺大對角戰術時，其直線後場就不一定是弱點，反而是優點了。這時，兩邊網前反而是其弱點。

　　總之，一定要全面瞭解這些一般規律，才能靈活運用防守戰術，奪回主動權。

　　① 挑兩底線平高球戰術：這是一種比較簡單的戰術，即對方攻直線，我方挑對角；對方攻對角，我方挑直線，以達到調動對方移動的目的。如對方移動慢就無法進攻，盲目進攻則有利於我方反攻。

　　② 讓對方從右後場進攻再反拉對角平高戰術：此戰術的一個特點就是被動時一定要把球先打到對方的右後場區，讓對方從右後場區進攻，然後再反拉對角到對方的左後場區。這是一種容易爭得主動權的防守戰術，特別是女子雙打爭取主動有效率較高的戰術。

　　③ 挑對角或直線平球、直線方位的人以半蹲對攻或反

擊直線戰術：我方被動時要打出越過封網者的平球，或比平高球低一些的球，使對方無法殺對角線，只能殺直線，而且還不能下壓得太多，這樣有利於在直線方位的同伴採用半蹲對攻或反擊直線，而且威脅性較大。

④ 擋勾網前逼進戰術：如遇到後場兩邊進攻很強的對手拉兩邊底線球我方無法獲得主動機會時，就應積極採用擋直線勾對角網前逼進的戰術。當然，可以從第一拍就開始採用擋或勾網前逼進對攻的戰術，也可以先拉開一兩拍再轉入擋或勾的戰術。總之，要以回擊網前球來避開對方後場強有力的攻勢。這往往是為了爭奪進攻權所採用的戰術，特別是對付網前推、撲、左右轉體不靈的對手，可以很快獲得轉守為攻的主動權。

⑤ 反抽跟進對攻戰術（包括半蹲抽擋）：當對方封網水準較弱、封網站位又太近網時，可以採用反抽或半蹲抽擋後跟進對攻的戰術對付之。

⑥ 打漏洞戰術：首先要瞭解對方是採用哪一種進攻方式，採用哪一種輪轉方法，瞭解了對方的進攻規律性才能知道哪裏有空隙、有漏洞，才能有意識地把球打到對方的漏洞中，從而爭得主動權。

如對方採用攻直線戰術，在輪轉上採用頭頂進攻前後站法（左右移動法），正手進攻時採用分邊輪轉上的戰術，那麼，對方的漏洞也就清楚了：頭頂進攻時漏洞在正手後場和正手網前區，正手進攻時漏洞在對角（左邊）網前，或是在直線網前和反手後場處。這都是一般規律，球場上千變萬化的球路全靠臨場的應變能力，源於分析判斷。

3. 根據對手情況制定的雙打戰術

（1）對一強一弱的配對

所謂「強」，就是技術、思想、心理、身體素質等主要因素均較好，反之是「弱」；或是有等級差別的選手，如一名是運動健將或國家隊隊員，另一名是省隊隊員；或是同級別，但在防守上一好一差。

遇到這種配對，必須堅決採用攻人戰術，採取集中優勢兵力二打一可取得較好效果。

（2）對單打技術好，而雙打技術和能力差的配對

遇到這樣的配對，首先在發球、接發球上要爭取主動，戰術上要採用猛抽快打的打法，在前半場要採用並排對攻快打、硬推、硬壓的戰術。如仍占不了優勢，也不能著急，要把球拉到底線，不要去和對方打軟打半場的球，然後從防守中找機會，進行平抽兩邊封網再對攻。

總之，要快、要硬、要狠，如果慢了、軟了，對方就可發揮優勢，對我方很不利。

（3）對一左一右的配對

和這種配對的對手比賽，一定要冷靜沉著地分清這一左一右是如何站的，從接發球就要分清誰在前，誰在後；當對方防守時，要分清誰在左，誰在右，要根據對方的站位來決定我方採用的戰術路線。如果未弄清楚，可以採用

打中路球攻中路的戰術。如對方處於防守，我方殺中路，落點較好就有可能造成對方搶球或讓球。不論對方站位如何，他們必然是兩種情況，一是都可用正手擊球，二是都要用反拍擊球，所以中路就是對方的弱區。總之，採用攻中路戰術是最有效的戰術。

（4）對思想配合上有弱點的配對

思想上的配合是雙打成敗的關鍵環節之一。當發現對方在思想配合上存在問題時，一定要抓住時機。如對方的甲愛埋怨同伴，特別是在不利或失誤情況下，此時要從能激發對方互相埋怨這一點去找竅門。

例如我方獲得進攻時可向甲殺去，等到甲防守不好、我方在網前封網可殺死對方時，不要殺向甲而應殺向乙，此時乙一定是守不起來而失誤。其實，根源是因甲未守好才造成乙防守失誤的。如果出現這種情況的次數多了，甲就會怪乙為什麼總是失誤。由於甲愛埋怨，他根本不會認為問題出在自己身上，而只去怪乙，可是乙心中是清楚的：正因為你未防好才造成我失誤，怎麼還怪我呢！這樣，乙心裏也不痛快，精力也就不能高度集中，就會出現混亂，導致洩氣。

又如我們常發現比賽中一方鬥志昂揚，每一球後都會以積極態度與同伴商量、鼓勁，很有生氣。可是另一方卻死氣沉沉，打了好幾個回合都不「哼」一聲，自管自的。比賽時，如果遇到後一種配隊，就要抓緊把比分拉開，對方也就可能很快泄了氣。總之，要充分利用對方在思想配合上的弱點。

（5）對善打平抽快擋的配對

如果兩人均屬善打平抽快擋的選手，一般都愛採用並排對攻的站位法。這時，如果平抽快擋也是我方的特長，而且可以戰勝對方，那麼可採用平抽快擋、以攻對攻的戰術，短兵相接，拼個「刺刀見紅」。但是，如果我方感到以攻對攻處於下風，就要採用拉兩邊底線的戰術，避開對方的特長，這樣不利於對手的進攻，卻有利於我方反攻。

（6）對愛採用半蹲防守的對手

遇到這種對手千萬不要殺長球，以免正中其下懷，而應採用半殺戰術與半殺左下方的戰術與其周旋，伺機而變。

（7）對拉兩邊底線較好的防守型配對

遇到這種配對，思想上要做好艱苦奮戰的準備。因對方防守好，又以拉兩邊底線為主，來回次數必然較多。同時要有耐心，不要想一殺就得分，而且更要重視互相的配合，多採用吊殺結合的戰術，不要盲目亂殺，以免消耗體力過多而收效甚微，應該穩紮穩打，不利情況下先吊後殺，吊一吊再殺，保持體力，找準時機進行重殺。也可採用殺大對角輪攻戰術。總之，只要體力好，堅持到最後，勝利的希望就較大。

4. 雙打比賽中的思想配合問題

要想成為一對優秀的雙打選手，除了要熟練地掌握各

種進攻和防守的技術與戰術外，更為重要的是還要在思想上能互相信任；在技術上能互相補缺，補漏；在戰術上能互相瞭解；比賽中互相鼓勵。有了互相信任與鼓勵，那麼，配合問題就能很好地解決。

5. 雙打配合中的幾個主要問題

（1）共同的目標是雙打配合的思想基礎

首先要增強為國爭光的事業心，明確大家都是為了一個共同的目標來攀登羽毛球技術高峰。有了這個思想基礎，思想上的配合問題就能迎刃而解。反之，只考慮個人私利，驕傲自大，只看到自己的長處，看不到自己的短處，就會出現不協調，鬧矛盾。

如果為了滿足其個人主義的要求而拆對又配新同伴，過一段時間新的問題又會出現，配合問題總是得不到解決。因此，只有從根本上克服個人主義思想，提高對打球的目的性的認識和樹立事業心，才可能解決雙打配合中的其他更細緻、更複雜的問題。

（2）思想上要做到互相信任

比賽中如果雙方互相不信任，必然會造成在球場上表現失常。例如發球隊員對同伴第三拍的技術不放心，總擔心他守不住，這樣就必然會影響到自己的發球品質；反之，在後面的同伴對發球同伴不信任，怕他發球太高，導致自己處理不好第三拍，結果，由於思想不集中或過度緊張反而造成第三拍失誤。這都是由於互相不信任造成的。

我們提倡在思想上互相信任，如發現同伴某一項技術或戰術比較差，就應該幫助他迅速提高，幫助同伴提高的同時也提高了自己。而存在問題的一方也要考慮到如不迅速提高將會對配合產生不利影響，因此，應該更刻苦地訓練，儘快掌握、改進技術和戰術，以適應戰術上的需要。

（3）碰到困難時要互相鼓勵、互相補缺

往往有這種情況，同伴由於種種原因未發揮出應有的水準，這時，就會出現兩種情況：一種是熱情鼓勵，並以很大的努力來彌補同伴的弱點，使其能在鼓勵和幫助之下轉變情況而發揮得比較正常；另一種情況是當同伴發揮不正常時，就埋怨，態度很生硬，很冷淡，總認為球打不好都是同伴的原因，這樣，不只是同伴改變不了情況，埋怨人的本人也會因此而沒勁，所以往往是以埋怨開始而以洩氣告終。因此，碰到此情況無一不失敗的。

彌補同伴弱點的辦法有兩種：一是加強攻勢，以減輕防守壓力；二是在不得不防守時，儘量把球送到和同伴成對角的落點上，以減少對方進攻同伴的機會和降低威脅，使同伴也能守得住，從而增強信心。

若同伴的體力較差，又常被對方逼到底線，造成很大困難，這時，作為體力較好的一方應主動提出要求同伴進攻對角線，後上網，自己退後進行左右移動進攻，讓同伴回到網前，以調整和恢復體力。

以上類似的情況有時會在一場比賽中都出現，也可能出現某一種情況，這時若不能很好處理，勢必造成失敗。因此，提倡在碰到困難時要做到互相鼓勵、互相彌補缺

點，不埋怨、不洩氣。

（4）在戰術上要做到互相瞭解

在一場比賽中兩個人要配合得默契，除了以上 3 點之外，在戰術上應該互相瞭解，特別是在前場封網者一定要能做到瞭解後場同伴這時會打出什麼路線的球，是扣殺還是打吊球，是攻直線還是攻對角，打完球之後是能夠左右移動還是不能，後場是否要網前的人去補，如此等等都要在一瞬間作出準確的判斷。如果說這種判斷是正確的話，那麼，配合就算默契。總之，要兩人的想法一致才能打好雙打，才能解決好雙打的配合問題。

6. 雙打進攻與防守應注意的幾個問題

（1）在獲得主動進攻時注意以下幾個問題

① 不要一味地殺球，忘記了結合吊劈球。

② 不要只用力殺球，忘記了點殺和輕殺。

③ 不要只殺一條路線的球，忘記了殺小對角、大對角和邊線球。

④ 不要只盲目地殺一個落點的球，忘記了長殺、殺右肩和半殺球。

⑤ 殺完球之後不要忘了立即左右移動和前後移動。

（2）防守時注意的問題

① 不要只挑後場球，忘記了抽擋勾結合。

② 不要只挑一個點或打一個球路，忘記了挑直線、挑

對角以拉開對方。

③ 反抽時，弧度要平，不平不高的球最容易被對方封網。

④ 過渡防守時，一定要從邊線走，不要過中路，以免被對方封死。

⑤ 挑對角高球時，弧度一定要高過封網者。

⑥ 一定要克服打習慣球路的毛病。

⑦ 反抽之後要跟進，擋勾之後要逼網。

(三)混合雙打戰術

1. 混合雙打進攻戰術

混合雙打是由男女配對進行比賽，必然存在一強一弱的情況，在戰術上要強調以攻擊女隊員為主來制訂戰術。

（1）發球戰術

混合雙打發球是一項戰術意識很強的技術，發球品質高低直接影響能否取得主動和得分。混合雙打發球和男雙、女雙發球有一定的共同點，但也有很大的差別。當女隊員發球時，對方如是女隊員接發球，發球就比女雙容易得多，因為在發球女隊員後場有一男隊員在接第三拍。可是，當女隊員發球男隊員接時，就比女雙困難多了。因為男隊員上網接發能力和第四拍封網能力都比女隊員強，這就給發球的女隊員增加了難度。

反之，如男隊員發球時，由於他不能像男雙一樣，發球後可以立即上網封網，而要兼顧控制後場，站位就要比

較靠後，發球過網的飛行時間較長，有利於對方接發球者有時間回擊來球。可見，男隊員的發球比男雙困難得多，必須經過專門訓練。

混雙發球時，「以我為主」「發球時間的變化戰術」「發球路線的配合戰術」「軟硬結合、長短結合、直線對角結合」等戰術均可使用。在此著重介紹如何根據男女隊員交替這一特定條件來考慮站位與戰術。

① 女隊員的發球戰術

A. 對方女隊員接發球時的發球戰術：對方女隊員接發球時，她不可能站位太前，因為她要考慮如我方發 3、4 號區球對她的威脅。因此，要把握住這一發球關，增強發好球的信心，再根據對方接發球的優缺點考慮發球戰術。如對方後場攻擊能力差，我方可發 3、4 號區的球，逼對方後退進攻，我方前排壓網，以爭得主動權。特別是發 4 號區球更有利於我方組織反攻，並逼使對方女隊員到後場擊球。如我方女隊員防守能力強，也可考慮發 3 號區球，因為發往該區時球可較平，速度快，對付反應慢、擺速慢的對方女隊員效果更佳，而且對方回擊的球大部分可由我方女隊員回擊，但條件是我方女隊員防守技術和意識較好。這樣，對方只能採用扣殺的球路或回擊高球，如扣殺，我方女隊員就應回擊至對方的弱區（交叉線區域）；如回擊高球，則我方發球已達目的。如圖 361 所示。

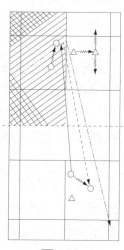

圖 361

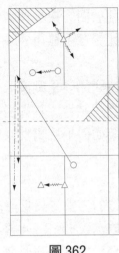

圖362

五、羽毛球運動戰術

當我方從右場區發至1、2號區時，對方站位和我方站位均平等，就由發球品質、對方接發品質和第三拍我方回球品質來決定了。此時，我方可採用抓對方習慣球路的弱點來發球。如對方在處理2號區球時均打直線半場或撲直線，而我方在後場的同伴正好在左場區的控球能力和球路較好（如左手握拍），對方打直線正碰上左手握拍的男隊員，我方就占了優勢，加上男隊員這個區手法和球路好，就能讓對方處於被動地位。因此，我方應以發2號區為主，讓對方打一習慣球路，以便我方控制（圖362）。由於我方男隊員手法好，對方的斜線區就成了弱區，易被我方反擊。

當我方從左場區發球時，也可採用同樣戰術，造成對我方有利的局面，在此不再列舉。

B. 對方男隊員接發球時的發球戰術：這時，女隊員一定要排除恐懼心理，增強自己的發球信心，在此基礎上採用以我為主的發球戰術，結合假動作（時間差）發後場4號區球，可打亂接發球者要組織的進攻。

一般情況下，這時發球以發自己特長的發球區域為主，並封住前場球，而中場球和撲球均由後場的男隊員去處理。對男隊員來說，切忌沒有戰術意識地發習慣球，即使是發特長球時，也要在發球時間上有所變化，使接發者不易判斷而大膽起動。

男隊員的發球是困難最大的發球。一定要加強平時技術和心理的訓練，只有這樣才有可能獲得主動和勝利。

② 男隊員的發球戰術

A. 對方女隊員接發球時的發球戰術：這時發球方占一些有利條件，因為男隊員對發球時間差的控制、發出球的速度，甚至弧度對女隊員都有一定威脅。上面談到的女隊員的發球戰術也適用於男隊員，差別在於女隊員發球站位靠前一些，過網時間短，而男隊員發球站位靠後一些，過網時間長一些，有利於對方女隊員採取行動。因此，如發1、2 號區，則球過網後要有向下的線路，如果向上飛行，就易被對方撲死。

如從右場區發 4 號區，我方的女隊員站在對角區為有利位置；如從左場區發 4 號區，我方女隊員站在對角區也為有利位置。

B. 對方男隊員接發球時的發球戰術：在一般情況下以發自己特長的發球區為主，即採用以我為主的發球戰術。最重要的是發球弧度要平，過網之後要向下走，這樣才有利於第三拍時我方的反擊。

③ 發球站位與分工

A. 女隊員發球時的站位與分工：與女子雙打發球時的站位與分工無大的差別，如圖 363—366 所示。在右場區發球時，男隊員一般站在後場，負責中後場兩邊的來球，偶爾還要彌補一下女隊員漏擊的前半場球。如在左場區發球，分工區倒過來即可。

B. 男隊員發球時的站位與分工：男隊員發球時均站在後場，而女隊員均站在前場區的右區，發右區時站得離中

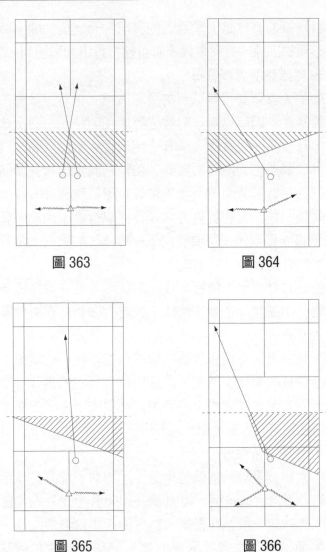

圖 363　　　　　　　圖 364

圖 365　　　　　　　圖 366

線遠一些，發左區時站得離中線近一些，目的是讓同伴可以發到 2 號區，而不至於阻礙其發球的路線（圖 367—

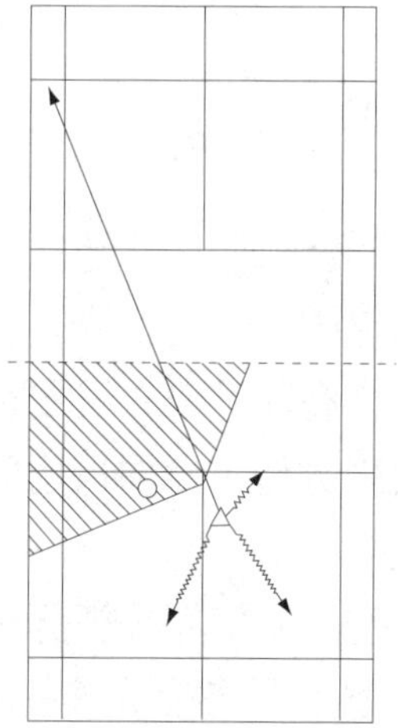

圖 367

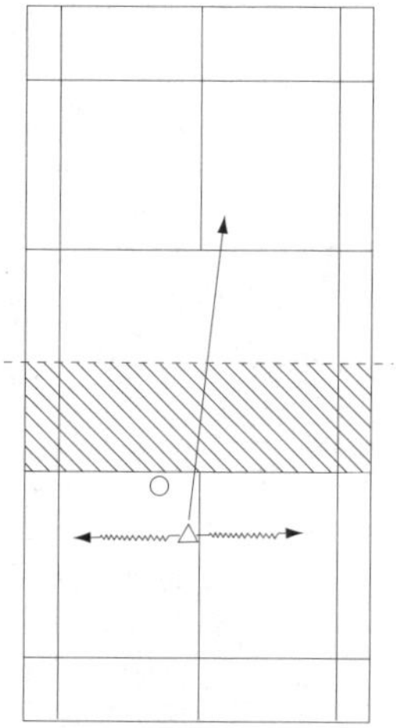

圖 368

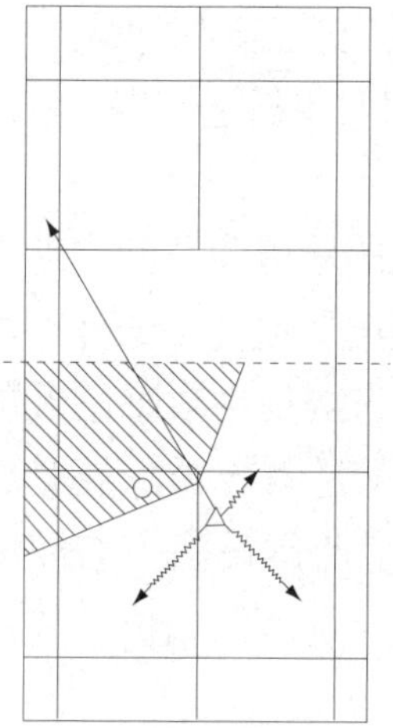

圖 369

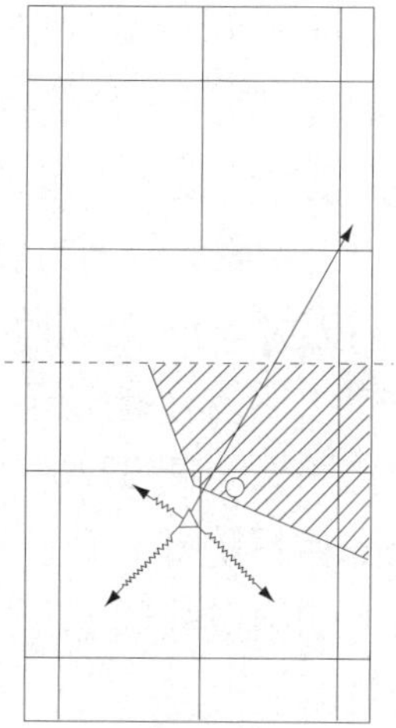

圖 370

370）。當然，女隊員如何站位也並非一定按此模式，也可
以根據男隊員的需要而定。以上只是一般規律的站法與分

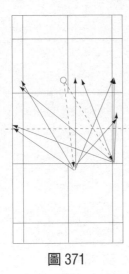

圖 371

工。

（2）接發球戰術

① 混雙接發球戰術與雙打接發球戰術的相同之處：二者相同之處都是既要根據對方發球品質，又要根據對方的優缺點來處理，以便採用以我為主的接發球戰術。

② 混雙接發球戰術與雙打接發球戰術不同之處：混雙接發球在球路上不論男女隊員，大都以撥對角半場、直線半場、勾對角前場以及放網為主，推、撲後場球只在對方發球品質很差時才使用。而撥半場球及勾放前場球的目的，是針對女隊員這一相對較弱的目標而制定的戰術（圖 371）。

以上所說的是對方發 1、2 號區的球處理球路的方法。如果對方發 3、4 號區時，則有兩種發球情況：一種是女隊員發球，然後分邊防守。這時，我方應集中攻擊吊殺對方女隊員防區（圖 372）。另一種情況是對方男隊員發球，且女隊員只防守一角（圖 373），這時應吊對方右前場，殺對方的兩邊線球。因為對方基本上是前後站位，其邊線防守難度加大。

反之，如對方是從左場區發球，那麼，道理也一樣，但換擊另一邊。

接發球後男隊員要保持在後場，女隊員則在前場。因此，接發球後，男隊員必須迅速退到後場，以控制底線

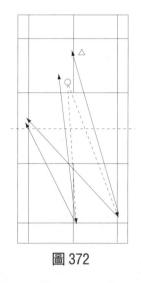

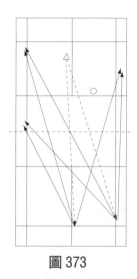

圖 372　　　　　　　　圖 373

區，這也造成男隊員接發球不能太凶的緣故。

　　當然，也有的男隊員接發球後就在網前封網，但為數不多，其條件是對方發球品質差，或第三拍無法挑到我方後場。

　　③ 接發球的主導思想：混雙接發球的主導思想是「快字當頭、以穩為主、狠變結合、抓住女隊員」。「快字當頭」，體現了我國羽毛球運動的風格，如沒有「快」，很難在前幾拍就爭得主動權。「以穩為主」，強調接發球要穩，以免一失誤就丟失 1 分。「狠變結合」，即對方發球品質不好時，我方處理球可以狠一些；當對方發球好些時，要靈活多變，不要打太多的習慣球路。對方女隊員是相對的弱者，我方在接發球時，必須以她為目標去處理球。總之，把球打到女隊員的防區，爭取主動，逼她打出高球或後場球，以利我方男隊員控制。

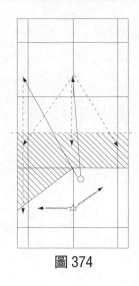 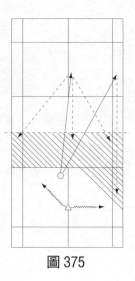

圖 374　　　　　　　圖 375

（3）第三拍的回擊戰術

混雙和雙打的第三拍居同樣重要的地位，即主動時可保持進攻，一般情況時進行反攻，被動時儘快擺脫被動。

① 主動時第三拍保持進攻的戰術

當我方發球品質較好時，有兩種情況：第一種情況是女隊員發球，可直接封住前半場區，因為發球好，對方回球必然有些向上，所以只要能舉拍封住前半場，對我方就有利（圖374）。當女隊員封左邊時，右邊網前的漏洞（畫斜線處）要由男隊員負責；而當女隊員封右邊時，左邊網前的漏洞（畫斜線處）要由男隊員負責（圖375）。可以說，女隊員以封對方直線球為主。如能判斷到對方打對角網前，也可封網，特別是在對方手法不好、出球品質較差時，可由女隊員自己封網，一般情況下，女隊員能封

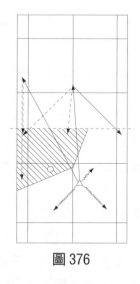

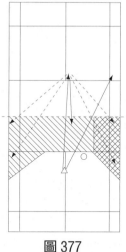

圖 376　　　　　　　　圖 377

死對方的直線來球就很好了。

　　第二種情況是男隊員發球，還是由女隊員去封網，但由於發球時女隊員的站位有變化而形成了右邊和左邊發球不同的防守區，如圖 376 和 377 中的畫斜線處。

　　從右場區發球，由於女隊員的站位是在左前場區（見圖 376），因此，當男隊員發 1、2 號區球時，女隊員要專心封好左前場區和中路網前。此時，對方如回擊，右前場區是弱區，要由男隊員去補救。

　　從左場區發球時，情況就不一樣了，因為女隊員的站位可靠近中線，當發 1 號區時，她可封斜線區；當發 2 號區時，她可重點封住斜線、斜格區（見圖 377）。

　　當然，由於配對的站法不同，也可按自己的特點分工封網。

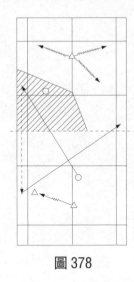

圖 378

② 一般情況時，第三拍進行反攻的戰術

所謂一般情況時，就是對方接過來的球對我方形成一種既不主動也被動的形勢時。我方只要處理得好，即可獲得主動權，處理不好就會變成被動。因此，出手和球路是關鍵。

首先要根據所判斷的對方接發球後的站位及分工情況來考慮我方應打哪種球路才有利於獲得主動，然後出手要快、要有變、要平，在尚未真正獲得主動時不要打太靠後的球給男隊員。

如圖 378 所示，當我方女隊員發 2 號區球時，對方女隊員回擊直線半場球，我方女隊員未主動封住，而由後場男隊員回擊。此時要爭取在高點回擊，回擊時要先判斷好對方的封網區和女隊員的封網方向，如對方女隊員是封右前場區，我方最好能迅速回擊一對角網前球，過網如能快而平，就可爭取主動權。反之，如處理不好，如回擊路線不對或回擊直線半場，被對方女隊員封住，就可能造成被動；或雖打對角網前，但過網品質差，過網球慢而高，角度也不好，也容易被封住而造成被動。

③ 被動時儘早擺脫的戰術

A. 對方接發球後兩人的位置均較偏前，如男隊員接發後的位置偏前，或者女隊員接發球主動之後男隊員也逼網了，那麼此時網前兩邊都很難打。最好的辦法是把球挑到

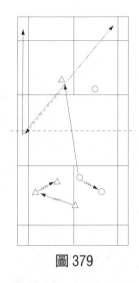

圖 379

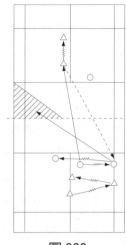

圖 380

後場兩底線過渡一下，讓對方從底線進攻，我方再開始組織反攻。特別是當我方女隊員有一定防守能力時，一定要把球拉到後底線，再由女隊員防守轉進攻（圖 379），此時，最怕拉球高度不夠，打不到底線，被對方攔擊。

總之，當對方控制網前較緊時，就必須想盡辦法先把球打到底線，打守中反攻戰術。

B. 對方接發球後，網前區有一個漏洞（圖 380 中的斜線區），如男隊員接發後急於回動，照顧後場，形成網前漏洞時，我方如能迅速回擊這一漏洞區，就有可能轉被動為主動，但前提是要有較好的回擊品質，否則擺脫不了被動。

總之，在被動時一定要冷靜分析對方的弱區，把球打到該區。當然，這裏包括對方技術上的弱區。可是如果我方女隊員防守能力差，經不起對方的攻擊，情況就更困難了。

（4）第四拍封網戰術

第四拍封網戰術主要體現在兩人如何分工封網上。有一個普遍規律，即女隊員接發1、2號區球能主動回擊時，就由她封住對方的直線球路，而男隊員則負責其他的區域。如她接3、4號區球能主動回擊時，她就可回動封直線前場區，而男隊員則負責其他3個方向的球。如她不能主動回擊，只能防守在後場一個區過渡一下，此時，男隊員則要負責前場兩邊和後場的另一邊。

當男隊員接發1、2號區球時，如能主動回擊，則應由女隊員封住對方的直線球路。她除要控制網前球之外，還要和男隊員保持錯位，以封住對方反抽對角平球，讓男隊員能調整一下，這一點也是混雙不同於男雙的另一個特點。特別是在進行中場抽、推球時，女隊員能否封緊對角平球，事關緊要，而男隊員則負責其他的中後場區球。如不能主動回擊，情況就比較複雜了，此時由於男隊員的站位已被引到前場，因此另半邊的後底線就成為漏洞。如對方回擊高球至底線時，女隊員可後退，代替男隊員一兩個回合。

當接發3、4號區球時，如能主動回擊，則女隊員除負責前場區外，還要負責封對方抽對角的平球，以使男隊員選位更主動；如不能主動回擊，就必須根據我方男隊員位置能否回動來決定，情況就比較複雜。

（5）攻女隊員戰術

這是混雙戰術的核心戰術，獲得主動進攻後在尋找進攻機會時，如何熟練地使用攻女隊員戰術是很重要的。以

下介紹如何運用這一戰術。

①**獲主動進攻時運用攻女隊員的戰術**：當獲得主動進攻時，如果對方已形成男女兩邊防守的陣勢，就要抓住這一有利時機，集中力量使用攻女隊員的戰術，例如進攻女隊員右肩戰術、殺吊女隊員的結合戰術、殺女隊員小交叉戰術、殺中路靠女隊員一邊的戰術等。當然，這一般是指女隊員的防守能力比男隊員差的情況而言，如果在比賽過程中發現對方男隊員防守能力下降，就不一定要堅持打這一戰術。

②**兩邊中場控球時運用攻女隊員的戰術**：所謂中場控球，就是對方打過來的球，我方既不很主動也不被動。首先在控制階段中不要把球擊向對方男隊員，而應擊向女隊員的防守區域，以便獲得主動權。

如圖 381 所示，我方女隊員發 1 號區球，對方女隊員接發推半場球。我方男隊員處於控制階段，此時，要分析對方女隊員的位置及封網特點，如她封直線的意識較差，而且位置較靠近中線 1 號區處，我方就可回擊一直線半場球。球的落點要使對方女隊員去回擊，由於她判斷封網差，站位又靠中線，必然不能主動回擊，她就有可能回擊出高球，以便我方主動進攻。假設對方女隊員站在偏邊線 2 號區的位置，準備封我方的直線半場，我方可回擊對角網前，迫使對方被動起高球。

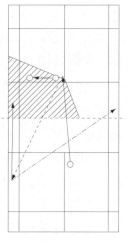

圖 381

圖 382

又如圖 382 所示，對方接發放網，我方也可回擊兩條路線，但一定要注意是要運用攻女隊員的戰術。因此，球一定要打到女隊員的防區，讓她去處理，不要用力把球打到中場讓男隊員處理。

以上兩例情況複雜，但道理是一樣的，堅持讓女隊員被動處理球，又不讓她主動處理，然後是我方女隊員要封緊網前，讓對方的女隊員打出高球，這樣戰術的運用就成功了。反之，如被對方女隊員封住，那就被動了。

在處理這種球時，要注意的是「巧打」而不是「硬打」，要特別注意分析判斷對方女隊員的封網意圖。最重要的是有高品質的回擊球路，一是球路要出乎對方女隊員之判斷，二是要有高品質的過網弧度，弧度要平，這樣不易被女隊員撲死，她只能推，這就有利於我方控制，找到逼對方回擊出高球的機會。

③ 接發球時運用攻女隊員的戰術：當我方接發球時，可直接運用攻女隊員的戰術。總的要求就是把球回擊到前場，如放網、放對角網前、輕推直線半場或輕撥對角網前，這些戰術都會促使對方女隊員去回擊，運用得好，可獲主動進攻權。

對方男隊員水準較高而女隊員相對差一些時，採用這種戰術很有效果。反之，如對方男隊員水準一般（特別是

後場攻擊水準一般）而女隊員網前封網水準很高，我方就不一定要堅持採用這種戰術了，應過渡到後場區，再找機會反攻。

（6）攻中路戰術

對方男隊員對兩邊中場控制能力都很強，威脅很大，直線結合對角處理得很好，使我隊防守的區域擴大，特別是女隊員不易封到對方回擊的平球時，可改用攻中路戰術。由於對方在處理兩邊線球時的手腕控制能力較強，如打中路，對方這一優點就無法發揮，如果他還是用以前的角度出球，就有可能造成對角太大而出界；再則球在中路，如果對方回擊直線，我方女隊員也好封網。

總之，運用這一戰術的作用有二：一是讓對方的優點無從發揮，二是縮小我方男女隊員的防守範圍，特別是封直線區的角度小得多。

（7）殺對角男隊員邊線的戰術

當我方獲得主動進攻機會時，一般情況下均攻女隊員。此時，對方的男隊員有可能儘量站在靠近女隊員的一邊，特別是在和女隊員成直線進攻時，男隊員另一側會形成空檔。在這種情況下就可使用殺大對角男隊員邊線的戰術，但這種情況比較少見。

（8）殺吊結合戰術

有時對方男隊員要照顧3個區域，讓女隊員只防守1個區域，因此，可以考慮以殺吊結合戰術，打亂對方的防

守陣腳。又如女隊員挑出不太後的球後她必然迅速後退，這時採用殺吊結合戰術很具威脅性。

（9）半殺結合長殺、重殺結合輕殺的戰術

這些都是主動進攻中應該熟練掌握的技巧和戰術。一味地重殺一個角度，對方容易適應；一味地長殺，易被對方發現。所以在進攻中除了要結合高吊之外，還要注意角度的變化（即落點長短之變化）和力量的變化（即輕殺和重殺）的結合。

（10）針對思想配合上的弱點而制定的戰術

思想配合上的弱點主要是指互相埋怨、互不服氣、互不理睬、各打各的球、對勝負無所謂等，我方注意發現並針對對方這些弱點制定的戰術，往往是最有效、最高明的戰術。

（11）進攻中封網分工方法

我方主動進攻時，由於封網分工不明確，可能失去主動權。因此，明確封網分工職責能使我方主動進攻達到致對方於死地的目的。

① 從右後場區進攻的封網分工：如圖 383 所示，當我方男隊員在右後場區主動進攻時，由於女隊員和男隊員成直線，故殺直線，女隊員要封住右斜線區的平球，但左斜線區是弱點和漏洞。

又如圖 384 所示，當我方男隊員在右後場區主動進攻時，對方女隊員退到對角區，此時我方女隊員要封住左斜線區的平球，右斜線處就是弱點和漏洞。

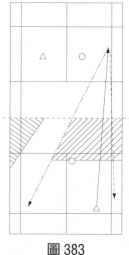

圖 383

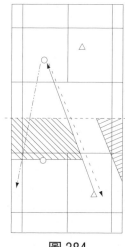

圖 384

　　② 從左場區進攻的封網分
工：如圖385所示，當我方男隊
員在左後場區主動進攻時，由於
對方女隊員和我方男隊員成直
線，我方殺直線，我方女隊員則
要封住左斜線處的平球，特別要
注意對方平抽對角線平球時一定
要能封住，以便減輕對男隊員的
壓力。此時對角網前右斜線區是
弱點和漏洞。

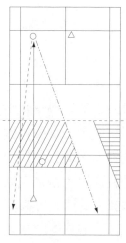

圖 385

　　又如圖386所示，當對方女
隊員和我方男隊員成對角時，我
方殺對角，我方女隊員要封住右斜線處。此時，對角斜線
處（左斜線區）是弱點和漏洞。

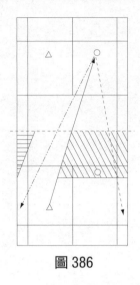

圖 386

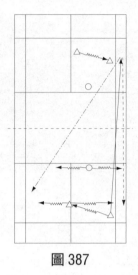

圖 387

（12）在控制中的幾種封網分工方法

如圖 387 所示，當我方男隊員從右中場區採用平推直線半場球時，對方男隊員處理球，此時女隊員要注意對方回擊的直線半場球和對角平抽球，這兩條球路要封住，但是困難很大，女隊員如判斷能力較好，這種困難就會小。假設對方習慣打對角線球，就要重點封對角；假設對方只會打直線球，當然重點在直線。但是，如判斷不準，就不要勉強去搶球，可讓後場男隊員處理。

又如圖 388 所示，我方男隊員從左中場區採用平推直線半場球時，對方男隊員處理球，此時女隊員要注意封對方回擊的直線半場球和對角平抽球。

再如圖 389 所示，當我方從右中場採用勾對角網前球時，對方女隊員上網處理球，但並不主動，對方所處理出

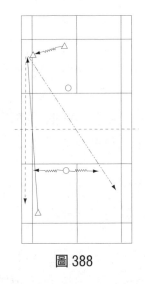

圖 388

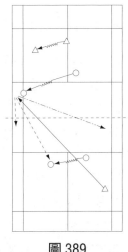

圖 389

的推球至左半場、中路半場或右前場，均屬我方女隊員應該封的球路，能否封到就要看判斷能力及對方出手能力了。如判斷不到，則不要勉強封網，可讓男隊員處理，但如果在前場區就要由女隊員處理了。

總之，女隊員主要封直線球及過中路的對角球，如對方打出高品質的對角網前球，當然也要由女隊員去處理，那就比較被動了。

可見，在混雙比賽中，女隊員的水準高低直接影響整個混雙水準，因為雙方都想從女隊員身上找到主動權，在控制中大部分是打前半場球。此時女隊員如封網能力（判斷、反應、出手、突變能力）強，則可減少我方男隊員失去重心的可能，增加對方男隊員的困難，有利於我方直接獲得主動權。

2. 混合雙打防守戰術

混合雙打的防守更要「積極防守」和「守中反攻」，如果消極防守，必然很容易被對方抓住薄弱環節進行攻擊。因此，當處於被動防守時，一定要有很強的「積極防守」和「守中反攻」的意識才能儘快擺脫被動局面而轉入反攻。

防守技術有挑高遠球、挑平高球、反抽平球、半蹲抽擋、擋網前球和勾對角網前球等，這些防守技術的要求與作用和雙打相同，這裏不再重複。

當在混合雙打被動時，大部分是對方男隊員進攻，只有個別情況是對方的女隊員在後場進攻。因此，主要研究在對方男隊員進攻之下守中反攻的防守戰術。

如圖 390 所示，對方男隊員殺直線，我方女隊員可打其兩個漏洞，即左邊上下兩斜線處，以及擋一直線網前，即右邊斜線處。

如圖 391 所示，對方男隊員從頭頂區殺對角的我方女隊員處，此時對方封網的漏洞與弱區在左上和右下兩斜線區。也可擋一直線網前（左下斜線區）。

如圖 392 所示，對方男隊員從正手區殺直線我方女隊員，此時對方封網的漏洞與弱區是在右邊上下兩斜線處，但也可擋一直線（左斜線區）。

如圖 393 所示，對方男隊員正手殺對角我方女隊員，此時對方封網的漏洞與弱區是在左下和右上兩斜線處，但也可擋一直線（右下斜線區）。

從以上 4 圖中可以看出，後場和前場都各有一個漏

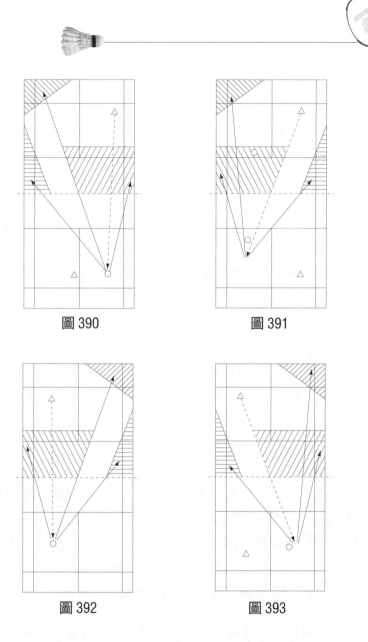

圖 390   圖 391

圖 392   圖 393

洞,但是打到上述漏洞是否就可達到守中反攻的目的,還
要看對方移動和我方回擊的品質。

（1）挑兩底線平高球

遇到那些前場女隊員封網很緊很凶而後場男隊員進攻威脅不大的配對時，可採用這種戰術，以避開其優點而抓住其弱點，從守中反攻，這樣既簡單又有效。即所謂殺直線、挑平高對角，殺對角，挑平高直線，以達到調動對方左右移動之目的。如對方移動慢就無法保持進攻，如對方盲目進攻則有利我方反攻。

遇到後場男隊員攻擊較有力時，就不能採用拉兩底線平高戰術，而改用以下戰術。

（2）反抽直線勾對角戰術

當對方男隊員從兩底線進攻站在對角線的我方女隊員時，我方女隊員可採用反抽直線結合勾對角戰術，以最大限度地調動對方，並抓住其漏洞。

（3）反抽對角擋直線戰術

當對方男隊員從兩底線進攻站在直線的我方男隊員時，我方男隊員可採用反抽對角結合擋直線的戰術，以抓住其漏洞。但應注意，反抽要能過對方女隊員的封網高度。

（4）擋直線、勾對角網前戰術

碰到對方男隊員進攻能力很強或網前女隊員封網能力較弱時，我方可採用擋直線結合勾對角網前球的戰術對付。只要擋和勾的品質有保證，就容易轉被動為主動。當

然，女隊員要逼進封住其直線區，逼對方打出高球。

3. 混合雙打中應注意的幾個問題

（1）一些規律性的問題

① 從發球路線看，主要是以發 1 號區為主，其次是 2 號區和 4 號區，很少發 3 號區球。

② 從接發球的球路看，主要以接發對角線為主，特別是從 1 號區接發兩邊中場球較多，而且落點都在兩邊中場處。其次是後場球，放網前球極少。

③ 在行進間球路的規律是以直線球路為主。

根據以上規律，應該注意以下幾個問題：

第一，注意處理好 1 號區的接發球。

第二，第三拍要注意處理好和控制好兩邊中場球。

第三，在行進間女隊員要注意封直線球，兼顧對角球。

（2）技術上應注意的問題

① 在手法上要注意掌握變線能力及控制能力。盲目地用力擊球往往會造成控制不住球和變線能力也不夠的後果。

② 擊球點要高，這樣有利於平推、平抽和下壓球。

③ 不要只知打快，而缺少快慢結合，要注意運用假動作。

④ 女隊員在封網擊球時，要注意能向下撲的球才用力撲壓。如只能推的球，則不要太用力，以免讓對方後場的男隊員較易控制。以輕推半場球為佳。

⑤ 女隊員的網前站位不要太近網，以利增強封網能力。

⑥ 封網時，拍子要舉得高些，以便直接向前或向下封壓。要減少向後引拍的時間，提高封網的威脅性。

⑦ 封網時，封到球後不要急於向中場回動，而應該迅速調整好，做好再封直線的準備。

⑧ 當雙方男隊員在進行直接控制時，女隊員如無把握則不要冒險搶球，倒是要注意萬一對方變線抽對角，女隊員要能封得住，以減少男隊員的壓力，以利於男隊員調整到有利位置。

⑨ 當我方獲得主動進攻，但對方女隊員已退至較好的對角防守位置時，不要勉強地攻擊她，而應採用過渡進攻的辦法，使自己獲得更有利的進攻位置，再進行第二次進攻。

六、身體訓練方法

（一）身體訓練的意義與作用

身體訓練是指運用各種身體練習的方法與手段，全面提高與改善運動員的形態、機能、健康和素質水準等 4 個方面因素的訓練過程。

身體訓練可分為全面身體訓練和專項身體訓練。

全面身體訓練是指在訓練中，採用多種多樣的非專項的身體練習手段和方法，改善運動員的身體形態，增進運動員的健康，提高運動員各器官系統的機能和全面發展各種運動素質。

專項身體訓練是指在訓練中，採用與專項有緊密聯繫的專門性動作的身體練習手段和方法，發展、改善與專項運動成績有直接關係的專項運動素質和專項所必需的身體形態、機能和素質。

全面身體訓練水準是專項身體訓練水準提高的基礎。因此，全面身體訓練與專項身體訓練有密切的聯繫，在具體安排時應根據全隊總體的身體素質水準和技術水準，確定技術訓練與身體訓練的比例，使身體訓練中全面與專項的比例合理而科學。

身體訓練的意義與作用主要表現在以下幾個方面：

第一，良好的身體訓練水準是提高技、戰術水準和運

動成績的基礎。

　　進行全面身體訓練，能全面提高機體各器官、系統的機能，並能全面地培養發展運動員的力量、速度、耐力、靈敏及柔韌等運動素質，使身體獲得健康和協調發展，具有完備的從事專項運動的工作能力。

　　羽毛球運動要求運動員必須具備速度、力量、耐力和靈敏等素質，但又不是週期性的運動素質，而且對技、戰術的要求甚高，故只靠技術、戰術訓練不可能達到對所需要的身體素質的要求，只有透過加強全面身體訓練，才能達到身體訓練水準的提高，從而滿足技、戰術的需要。

　　第二，身體訓練水準高是運動員承擔大負荷訓練和激烈比賽的基礎和需要。

　　由於當前世界羽毛球運動競爭相當激烈，技術也達到相當高的水準，為了在國際大賽中取得較好的成績，必須在平時訓練中採用大負荷或超負荷訓練，才能使機體適應大負荷或超負荷訓練要求，從而提高機體適應大強度比賽的激烈競爭的能力，並取得好成績。

　　據資料統計，當前世界高水準羽毛球比賽的強度越來越大，運動員在場上反覆快速移動（起動、移動、起跳、急停、回動）的次數達 500 次左右。而在完成各種起動、急停、起跳、回動的動作中，均以快速爆發式完成。因此，運動員需要具備相當好的身體訓練水準。從某種意義上講，高水準的羽毛球比賽不僅是技術、戰術、心理的交鋒，也是身體訓練水準的交鋒。

　　第三，良好的身體訓練水準有助於培養運動員良好的意志品質，並在比賽中能保持穩定、良好的心理狀態。

當今世界羽毛球比賽競爭越來越激烈，對運動員的意志品質、心理素質要求也越來越高。而心理素質的培養，特別是意志品質的培養是建立在良好的發展身體訓練的基礎上。提高身體訓練水準的過程，也是運動員適應自身身體變化的一個極其艱苦的過程，這個過程對人的意志品質的影響也是極為深刻的。

我們通常在身體訓練的過程中採用競賽手段和達標或超標減次數的手段，培養運動員強烈的取勝慾望及完成指標的動力；採用運動員最怕的項目作為意志品質的訓練項目來提高意志品質。

運動員經過艱苦的訓練提高了身體訓練水準，心理因素也得到了提高，對於進行快攻打法也感到心中有數，有足夠的速度耐力作後盾，當然心理也就比較穩定。

第四，良好的身體訓練可防止受傷，延長運動壽命。

運動員受傷一般發生在機體疲勞之後，此時，肌肉能力下降，如果突然做了一個不正確的動作，就容易出現關節扭傷，或是由於反覆進行某一關節的大幅度運動（如大力殺球、反覆上網或肩關節和膝關節周圍的肌肉力量不足）也容易引起肌肉拉傷。因此，要特別以注意加強肩、肘、腕、髖、膝、踝關節周圍大肌肉群的訓練，對關節周圍的小肌肉的訓練也不能忽視。總之，加強身體訓練，從而提高機體的機能水準，也同樣增強了抗疲勞的能力，從而達到防止肌肉受傷的目的，或在外傷不可避免的情況下減輕其嚴重程度。

在現代訓練中運用加強全面身體訓練來延長運動壽命的意識已越來越被人們所重視。由身體訓練所獲得的身體

素質水準越高，機能水準也就越高，相應地保持高水準的
競技狀態的時間也就越長。

(二)身體訓練的基本要求

第一，身體訓練在多年訓練過程中要有計劃地、全面
地、合理地、按比例地進行安排。

身體訓練是訓練計畫的一個重要的、必不可少的組成
部分，而且還應該同步進行技術訓練、戰術訓練、心理訓
練和智力訓練。身體訓練計畫必須包括長期計畫和短期安
排。

全面地安排身體訓練是指身體訓練內容的選擇與確定
要做到全面，不要顧此失彼，過分單一。但是「全面」也
並非等於不論什麼人、什麼時候什麼都練、什麼都發展，
而且應該分清在什麼階段以發展什麼為主。

總體上，要抓住運動素質的「敏感期」重點訓練。具
體在某一堂課中也要分清以抓什麼素質為主，最終實現身
體素質的全面提高。

合理地安排身體訓練，是指根據不同的訓練對象、訓
練時期和項目有針對性地安排身體訓練內容。

第二，身體訓練應緊密結合羽毛球運動專項特點，抓
住重點提高身體訓練水準，促進技術水準的提高。

身體訓練的安排應圍繞羽毛球運動專項的特點來安
排。力量素質是運動素質的基礎，必須重視。但羽毛球運
動需要的不是發展如舉重運動需要的絕對力量，而是應該
在具有一定的絕對力量的基礎上發展速度力量（爆發力）
和力量耐力，以適應在比賽場上的奔跑、蹬、跳、跨以及

上肢的連續擊球所需的速度力量及力量耐力。

發展速度素質是羽毛球運動訓練的核心，應加強反應速度、動作速度（動作頻率）和移動速度，提高靈敏性，以適應羽毛球運動的反應起動的需要，短距離移動和急停、回動與變向變速移動及擊球的需要。

發展耐力素質也是羽毛球運動訓練的另一個重要課題。研究證實，羽毛球運動需要的供能是混合供能形式，一定要有較好的有氧代謝能力，在此基礎上發展速度耐力。一定要有較好的有氧代謝能力，特別是 ATP–CP 的供能能力要大大提高，以保證比賽所需的速度耐力。

在抓主要身體訓練素質提高的同時，不應忽視其他身體素質的訓練，尤其是柔韌性素質必須從少年兒童時期就抓起，發展羽毛球專案所需要的肩、腕、腰、髖、踝關節的柔韌素質。

否則，隨著年齡增大，柔韌素質「敏感期」過了，要想再提高就比較困難，從而造成完成動作的幅度不大，韌帶僵硬，影響技、戰術水準的進一步提高。

應該充分認識到羽毛球運動對身體素質的要求是相當高的。可以說必須具備「十項全能」運動員的素質，而且還要在非週期性的跑動中去回擊每一個球，其難度是很大的，要求也是很高的。因此，必須以發展全面的身體素質為基礎。這個基礎水準高，必然就為更高地發展專項素質及專項運動水準打下更好的提高基礎。

第三，身體訓練要與技術訓練、戰術訓練相結合。

身體訓練水準是提高技術、戰術能力，實施戰術配合的重要先決條件。同時，掌握了先進的技術、戰術又相應

地促進了身體訓練水準的更快發展，以適應先進技術的需要。例如要形成變速突擊打法，則後退加速起跳突擊是最關鍵的技術動作，這就對運動素質提出了更高的要求：必須有快速側身後退突然後蹬起跳的能力、前臂和手腕快速閃腕發力的能力和腰腹肌強有力的收腹能力等，具有這一整套的身體素質的能力，才能滿足先進技術的需要。

當身體訓練達到一定水準之後，必須緊密地結合專項技術動作進行訓練，以便更快提高專項身體訓練水準，以促進運動成績的提高。

第四，身體訓練安排要因時、因項、因人而異，從實際情況出發。

身體訓練要因時而異，指的是在不同大週期和不同階段，都要根據訓練任務和要求安排不同項目、比例、負荷和強度，賽前階段就有明顯的不同。

例如，在冬訓階段安排大負荷、大強度的身體訓練，使運動員產生一些不適應的反應，如酸痛、抽筋、頭昏、嘔吐等並可能影響到第二天的技術訓練，從長遠計畫來看這都是正確的安排。如果把這種訓練安排在賽前訓練階段就是一種錯誤，會造成不良的後果，對提高運動成績和培養良好競技狀態不利。

身體訓練要因項而異，必須根據運動員從事的比賽主項是單打還是雙打、混雙來考慮和安排。單打移動範圍要比雙打、混雙大，所需的速度耐力水準要高；雙打要求的動作速度、爆發力比單打強，而且更需具備連續強攻的能力，所需的力量耐力比單打高。因此，必須根據個人所承擔的主項的不同特點來安排身體訓練內容，不能千篇一

律。

身體訓練要因人而異，要根據每個運動員的實際情況而區別對待。

(三)身體訓練的依據、內容與方法

羽毛球運動員的身體訓練應根據羽毛球運動項目的特點和「快、狠、準、活」的技術風格的需要來安排訓練內容和方法。

1. 身體訓練的依據

制訂羽毛球運動員身體訓練計畫時，必須考慮和依據以下特點：

（1）羽毛球運動的特點。

羽毛球運動是一項隔網對抗性強的比賽項目，表現為進攻與防守的統一性，具有高重心、低重心、向前、向後、向左、向右移動以及在不同高度、角度擊球的要求，在擊球的時間與空間方面充分反映了速度的對抗和準確性、控制能力對抗的項目特點。

（2）運動量大的特點。

因比賽不受時間限制又不得藉故暫停進行指導和休息，故沒有喘息機會。因此，比賽中心率180次／分鐘以上的情況占總時間的80%以上，故要求運動員必須具有極好的心血管機能和充沛體力。

從羽毛球比賽的時間結構看，1～10秒的對抗占80%～90%，也有20～40秒的拉鋸式的爭奪，因而決定了羽毛球運動能量代謝的特點是混合供能，但以無氧代謝為主，

特別是以 ATP–CP 供能為主。

（3）場地移動範圍不大，但移動速度必須極快，並要求步法到位。因此，要求運動員必須具備良好的起動、回動、急停、急動、變向加速移動的能力。靈活性、協調性要很好，要具有合理的步法結構。因此，進行步法的專項身體素質訓練具有十分重要的意義。

（4）手法和步法的協調配合要好。因此，要求運動員必須具備較好的協調和柔韌素質。

（5）比賽中攻守的轉換非常快，戰術要求具有突變性、靈活性。因此，要求運動員具有較好的心理素質和智力水準。

由此可見，羽毛球運動員的身體訓練內容和方法，必須抓好如下幾點：

第一，抓好力量素質訓練，這是身體素質的基本素質，缺少了力量素質，其他素質的提高和發展都要受到限制和影響。在提高力量素質中，主要是提高速度力量（爆發力）和力量耐力。

第二，狠抓速度素質這項核心素質，發展反應速度、動作速度（動作頻率）和移動速度，提高運動員的靈敏性。

第三，抓住耐力素質這重要環節，主要提高速度耐力素質，以保證比賽時所需的體力要求。

第四，抓好柔韌素質的訓練。

總之，在進行各種身體素質訓練時，一般以發展速度和靈敏的訓練手段為主。

2. 身體訓練的內容與方法

（1）力量素質的訓練

力量是指人體肌肉收縮時克服外界阻力和反作用於外界阻力的能力。力量素質是人體的基本素質，它對其他素質的發展起著積極的作用，更是掌握和提高技術、戰術的基礎，也是取得優異成績的基礎。總而言之，一切體育活動離不開力量素質，故發展力量素質是運動員訓練的重要任務之一。

① 力量素質分類

力量素質分最大力量、快速力量、力量耐力3種。

最大力量：最大力量（也稱絕對力量）指運動員以最大限度收縮對抗一種恰恰還能克服的阻力時所發出的最高力值。

快速力量：快速力量是力量與速度綜合在一起的一種特殊的力量素質。其表現形式有起動力、爆發力、反應力等。

$$爆發力指數\,I = \frac{儘可能達到的力量}{達到上述力量所花的時間}$$

力量耐力：力量耐力是力量和耐力的綜合素質。主要指運動員在克服一定外部阻力時，能堅持盡可能長的時間或重複盡可能多的次數的能力。

力量耐力分為動力性耐力和靜力性耐力。

動力性耐力又分最大力量耐力（重複發揮最大力量的能力）和快速力量耐力（重複快速發揮力量的能力）。

力量素質包括的這3種力量之間，有著密切的關係，

最大力量是快速力量的基礎，快速力量與力量耐力也有很密切的關係。這3種力量素質在訓練中是互相影響、互相促進同時又是互相制約的。羽毛球運動需要的是快速力量和快速力量耐力。

② 力量素質訓練內容和方法

根據羽毛球運動的特點，要著重發展快速力量和動力性的力量耐力。應該看到，提高和發展以上兩種力量素質必定要基於最大力量水準。因此，提高上下肢大肌肉群的絕對力量是很必要的，但這並不是最終目的。力量訓練最終應圍繞提高動作速度，增強連續、反覆的跑動、跳蹬、跳跨和擊球的能力來進行。

全面力量訓練可採用輔助器材。發展比賽中承受主要負荷的肌肉群的練習屬於專項力量練習。

A. 上肢力量練習

可採用槓鈴、橡皮筋、啞鈴、壺鈴、實心球、雙人、肋木、雙槓、拉力器、壘球等進行練習。

（A）槓鈴練習

a. 推　舉

頸後推舉：兩腳開立，肩負槓桿，屈肘，兩手緊握槓鈴橫槓（圖394），做頸後向上推舉練習。反覆進行。

胸前推舉：兩腳左右開立，兩手緊握槓鈴橫槓置於

圖 394

圖 395

圖 396

圖 397

圖 398

鎖骨前，做胸前向上推舉練習（圖 395、396）。反覆練習。

　仰臥推舉：仰臥在臥推架長凳上，取下槓鈴做向上臥推動作（圖 397、398）。反覆練習。

圖 399

槓鈴架上推舉：兩腳左右開立，屈肘，緊握槓鈴橫槓，向上推舉（圖 399）。

b. 頸後舉：兩腳左右開立，兩手正握槓鈴橫槓，兩臂上舉後屈肘將槓鈴置於肩後，做向前上伸臂動作（類似揮拍動作，圖 400、401）。反覆練習。

c. 正屈伸：兩腳左右開立，兩手正握槓鈴橫槓提至腹前，以肘關節為軸，做兩臂屈伸動作（圖 402、403）。

圖 400

圖 401

圖 402　　　　　　　圖 403

圖 404　　　　　　　圖 405

　　反屈伸：兩腳左右開蹲立，上體稍前傾，兩手反握槓
鈴橫槓提至膝前，以抵在膝上的肘關節為軸向胸前做向上
提鈴的反屈伸練習（圖 404、405）。反覆練習。

　　腕屈伸：坐在長凳上，上體前傾，屈肘，兩手反握槓

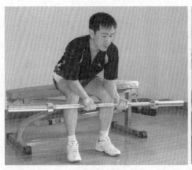
圖 406

圖 407

圖 408

圖 409

鈴橫槓，反覆進行腕關節屈伸練習（圖 406、407）。也可做兩手正握槓鈴橫槓，反覆進行腕關節屈伸練習。

　　d. 屈前臂：兩腳左右開立，上體前屈，兩手提槓鈴橫槓於膝前，以肘關節為軸做屈前臂動作（圖 408、409）。反覆練習。

　　e. 仰臥直臂前舉：仰臥在長凳上，兩手持槓鈴橫槓於頭後，然後直臂前舉至胸前成臥推姿勢（圖 410、411）。反覆練習。

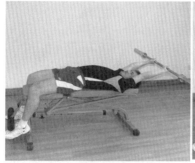

圖 411　　　　　　圖 410

圖 412　　　　　　圖 413

（B）橡皮筋練習

a. 頸後拉力：兩腳前後站立（左前右後），右臂屈肘，前臂置於頸後，右手握固定的橡皮筋的一端，做向前揮拍動作（圖 412、413）。反覆拉動。

圖 414

圖 415

圖 416

圖 417

　　b. 雙臂前擺：兩腳左右開立，兩手握橡皮筋，從肩後向前做擺臂動作（圖 414、415）。反覆練習。

c. 前臂屈伸：兩腳左右開立，腳踩橡皮筋，兩手握橡皮筋，兩臂屈肘置於體側，做前臂屈伸動作（圖416、417）。反覆練習。

（C）啞鈴練習

a. 頸後舉：兩腳自然開立，屈肘，上舉啞鈴於頭後（圖418），做揮拍的頸後舉動作。反覆練習。

b. 胸前大回轉：兩腳左右稍開立，兩手持啞鈴置體側，兩臂依次做胸前大回轉動作（圖419）。反覆練習。

圖 418

圖 419

圖 420

圖 421

圖 422

c. 前後擺臂大回轉：兩腳稍開立，兩手持啞鈴，做前後擺臂向前大回轉動作（圖 420、421）。反覆練習。

d. 前臂屈伸：兩腳稍開立，兩手持啞鈴置腿旁，以肘關節為軸，做前臂屈伸動作（圖 422）。反覆練習。

e. 仰臥擴胸：仰臥在長凳上，兩手持啞鈴，做擴胸動作（圖 423、424）。反

圖 423　　　　　　　　圖 424

圖 425　　　　　　　　圖 426

覆練習。

　　f. 手腕屈伸：右手持啞鈴，前臂置於凳子上，做手腕屈伸動作（圖 425）。反覆練習。

　　g. 屈前臂：坐凳子上，兩手持啞鈴，以肘關節為軸，做屈前臂動作（圖 426），兩臂交替。反覆練習。

圖 427

　　h. 上體前屈兩臂前後舉：兩腳左右開立，上體前屈，兩手持啞鈴，做兩臂前後舉動作（圖 427）。反覆練習。

圖 428

　　i. 直臂上舉：兩腳自然站立，兩手握啞鈴置於體側，兩臂直臂交替上舉（圖 428）。反覆練習。

　　j. 直臂舉：仰臥在凳子上，兩腳併攏，兩手緊握啞鈴置於頭後（圖 429），做直臂舉啞鈴至胸前動作。反覆練習。

　　k. 側平舉：兩腳左右開立，兩手握啞鈴置於體側，兩臂直臂緩慢側平舉（圖 430），然後緩慢回至膝旁。反覆練習。

　　l. 屈肘上提：兩腳左右開

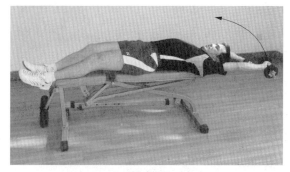

圖 429

圖 430	圖 431

立，兩手持啞鈴，置於腿旁，做屈肘上提動作（圖431）。
反覆練習。

　　m. 仰臥擴胸：仰臥在長凳上，兩手側平舉各持啞鈴，
兩臂向上直臂舉起啞鈴，然後做擴胸動作（圖432）。反
覆練習。

圖 432

圖 433

（D）壺鈴練習

轉腕：用一根繩把壺鈴懸掛在鐵棍上，鐵棍兩端架在架子上，兩手正握鐵棍（圖 433），向前或向後交替扭轉鐵棍，直至把壺鈴轉至鐵棍上。反覆練習。

（E）實心球練習

a. 伸臂：左腳在前，右腳在後，雙手持球上舉（圖 434），接著屈肘，兩手持球置於頭後（圖 435），做向上

圖 434

圖 435

伸臂動作。反覆練習。

　　b. 臂上舉：雙腳左右開立，兩手持球，伸臂上舉，抬頭挺胸（圖 436），然後雙手持球置於胸前。反覆練習。

　　c. 雙手向前擲球：兩腳前後開立，左腿在前稍屈膝，上體稍後仰，兩手持球於頭後上方（圖437），做向前送髖、挺胸、振臂向前擲球的動作。反覆練習。

　　d. 單手投擲球：兩腳左右開立，右手持球於肩後上方，右腿

圖 436

稍後撤並屈膝，向右轉體成左側對投擲方向（圖 438），然後向前做投擲動作。

圖 437

圖 438

圖 439

（F）雙人練習

　　a.支撐爬行：練習者的兩腿由同伴抬起，成兩臂支撐姿勢（圖439），做向前爬行的動作。兩人交換反覆練習。

　　b.俯臥撐：練習者的兩腿由同伴抬著做俯臥撐（圖440）。兩人交換進行練習。

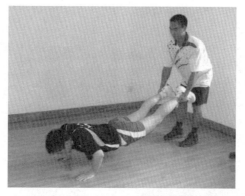

圖 440

圖 441

圖 442

　　c. 兩人拉肩：兩人背靠背站立，兩臂上舉，互握手，各自向前邁一步，挺胸成背弓（圖 441），復原姿勢後反覆練習。

　　（G）肋木練習

　　a. 肋木引體向上：面對肋木，兩手正握肋木懸垂，連續做引體向上動作（圖 442）。

圖 443

圖 444

圖 445

　　b. 俯臥撐：兩腳放在肋木或類似的橫木上連續做俯臥撐動作（圖 443）。

　　（H）雙槓練習

　　雙槓臂屈伸：槓內兩臂支撐（圖 444），做兩臂屈伸動作（或腳負沙袋加重負荷）。反覆練習。

　　（I）拉力器練習

圖 446

圖 447

圖 448

　　直臂前拉：背對拉力器，一臂後伸，握住拉力器把手（圖 445），做直臂向前拉引動作。兩臂交換，反覆練習。

　　（J）壘球練習

　　a. 壘球擲遠：練習者分站在兩邊（圖 446），對擲壘球。反覆練習。

　　b. 對牆擲球：練習者將球向牆擲去，反彈回來時接住再擲（圖 447、448）。反覆練習。

圖 449　　　　　　　　圖 450

B. 腰腹力量練習

可採用槓鈴、實心球、槓鈴片、啞鈴或徒手進行練習。

（A）槓鈴練習

a. 體側屈：兩腳左右開立，肩負槓鈴，兩臂側舉，手扶槓鈴橫槓，向左右側做屈體動作（圖 449）。反覆練習。

b. 兩側轉體：兩腳左右開立，肩負槓鈴，兩臂側舉，手扶槓鈴橫槓，向左右側轉體（圖 450）。反覆練習。

c. 體前屈：兩腳左右開立，肩負槓鈴，兩手握槓鈴橫槓，做體前屈動作（圖 451）。反覆練習。

d. 提槓練習：兩腳左右開立，上體前屈，兩臂伸直，正握槓鈴橫槓，然後上體迅速抬起成直立姿勢（圖 452、453）。反覆練習。

圖 451

圖 452

圖 453

（B）實心球練習

　　a. 夾球舉腿向頭後伸：仰臥，兩臂伸直貼近體側，兩腳夾緊實心球向上舉腿，並向頭後伸（圖 454—456），使球觸地後還原。反覆練習。

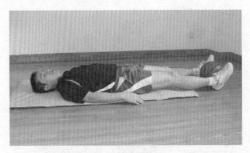

圖 454

圖 455

圖 456

b. 雙人轉體傳球：兩人背靠背站立，相距適當距離，一人手持實心球，接著兩人同時向左、向右轉體傳遞實心球（圖457、458）。兩側交替進行。反覆練習。

c. 雙人胯下傳球成上舉傳球：兩人背靠背站立，兩腿開立，兩臂上舉，兩人同持一球（圖459），然後由一人持球，兩人同時體前屈，持球人把球經胯下向後伸傳給另一人（圖460），交替進行，反覆練習。

圖457

圖458

圖459

圖460

　　d. 持球大繞環：兩腳左右開立大於肩寬，上體微前屈，兩手持球，兩臂伸直前舉，做腰部大繞環動作（圖461）。向左右兩側交替進行，反覆練習。

圖 461

圖 462

圖 463

（C）槓鈴片練習

a. 負槓鈴片仰臥起坐：坐在墊子上，兩腿併攏伸直，兩手持槓鈴片置於頸後（圖 462），做仰臥起坐。反覆練習。

b. 左右轉體：坐在墊子上，兩腿併攏伸直，兩手持槓鈴片置於頸後，上體向左右轉動（圖 463）。反覆練習。

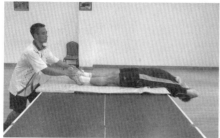

圖 464

圖 465

　　c. 高臺仰臥起坐：仰臥在高臺上，頭在台外，兩腳由同伴壓住，兩手持槓鈴片放在頸後，做仰臥起坐動作（圖 464、465）。反覆練習。

　　d. 體後屈：俯臥在器械上，腳跟緊緊抵貼器械，兩手持槓鈴片於頸後（圖 466），做大幅度體後屈的動作。反覆練習。

圖 466

圖 467 圖 468

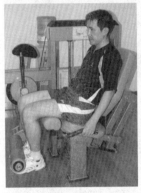
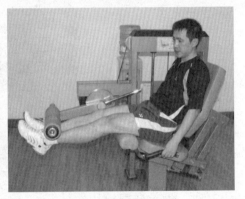

圖 469 圖 470

（D）啞鈴練習

a. 腰部大繞環：兩腳左右開立（大於肩寬），兩手各握一啞鈴，體前屈（圖 467），接著做腰部大繞環動作。反覆練習。

b. 仰臥起坐：仰臥在墊上，兩臂向肩後伸，兩手持啞鈴，做仰臥起坐練習，並向前伸臂（圖 468）。反覆進行。

c. 舉腿：坐靠在器械上，兩手握住器械，兩腳抵住器

械，做舉腿動作（圖 469、470）。反覆練習。

d. 上體屈伸：俯臥在器械上，兩手持啞鈴，上體伸展（圖 471），然後上體前屈。反覆練習。

（E）徒手練習

a. 仰臥蹬「車輪」：仰臥於墊上，兩手撐腰部，雙腿上舉，做蹬「車輪」動作（圖 472）。反覆練習。

圖 471

b. 「V」姿勢：仰臥於墊上，兩臂側平舉，然後收腹，兩腿、上體成「V」字形姿勢，兩手抱腿（圖 473），還原後反覆練習。

圖 472

圖 473

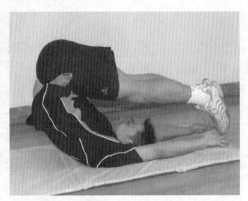

圖 474

圖 475

c. 舉腿後伸：仰臥於墊上，兩腿伸直，兩臂向肩後伸，做舉腿後伸至頭後動作，使腳尖觸地（圖 474）。反覆練習。

d. 左右擺腿：仰臥於墊上，兩臂側平舉放於墊上，右腿伸直向左擺（圖 475），上體不動，腰及髖部扭轉。兩腿交替進行，反覆練習。

圖 476

圖 477

　　e. 左右轉體：坐在墊上，上體稍後仰，兩手置於頭後，向左（圖 476）右側轉體，臀部儘量不離開墊子。反覆練習。

　　f. 雙人體前屈與後倒：兩人對坐，兩腿伸直側分，兩人相對的腳互相抵住，兩人對拉手，一人體前屈，另一人體後倒（圖 477）。兩人交替進行，反覆練習。

圖 478

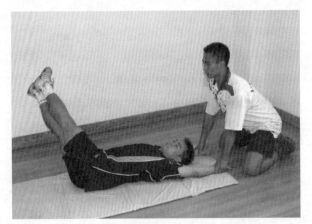

圖 479

　　g. 體繞環：兩人對面坐，相對的手互拉，兩腿伸直側分，相對的腳抵住，做體繞環動作（圖 478）。反覆練習。

　　h. 左右側擺腿：仰臥於墊上，兩腿併攏伸直，在同伴幫助下，收腹舉腿向左右側擺腿（圖 479），腳跟著地。反覆練習。

i. 直腿上舉：仰臥在墊上，兩臂側舉放在墊上，直腿上舉，同時，同伴給予一些阻力（圖480），反覆練習。

C. 下肢力量練習

可採用槓鈴、啞鈴、鋸末跑道、臺階、跳繩、徒手、斜坡跑道、爬山、跳箱、沙包、沙衣、沙坑等進行練習。

（A）槓鈴練習

a. 深蹲起：肩負槓鈴，進行深蹲起（圖481）。反覆練習。

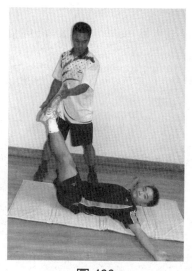

圖 480

圖 481

圖482　　　　　　　　圖483

圖484　　　　　　　　圖485

　　b. 抓舉：兩腳開立，兩手正握，抓舉起槓鈴成左（右）腳在前的弓箭步（圖482、483），然後站直，兩腳左右開立，反覆練習。

　　c. 負重弓箭步走：肩負槓鈴進行弓箭步走（圖484、

圖 486

圖 487

485），反覆練習。

　　d. 負重深蹲後跳起：肩負槓鈴深蹲後向上跳起（圖486、487），反覆練習。

　　e. 負重登凳：肩負槓鈴，左腳踏在 0.5 公尺左右高的凳子上（圖488），接著迅速蹬直左腿，並隨即將右腿抬起站立在木凳上。兩腿交替進行，反覆練習。

　　f. 負重行進間高抬腿：肩負槓鈴，做行進間高抬腿練習（圖489、490）。反覆進行。

圖 488

300

圖 489

圖 490

圖 491

　　g. 負重跳：肩負槓鈴，稍屈膝（圖 491），做原地向上跳躍（做前後左右分腿、並腿等跳躍）練習。反覆做。

圖 492

圖 493

圖 494

　　h. 負重半蹲起：肩負槓鈴下蹲，當臀部觸及凳子時，
立即蹬直兩腿（圖 492、493）。反覆練習。

　　i. 負重弓箭步下壓：肩負槓鈴成弓箭步後（圖 494），
用力下壓重心。兩腿前後交替進行，反覆練習。

圖 495

圖 496

圖 497

j. 負重提鈴：兩腳開立，從深蹲提鈴開始，做伸腿提鈴置膝上動作（圖 495），停留 4～6 秒，反覆練習。

（B）啞鈴練習

a. 提鈴後拋：上體前屈，雙手緊握啞鈴一端，稍蹲，向後做拋啞鈴動作（圖 496、497）。恢復原姿勢，反覆練

圖 498

圖 499

習。

b. 蹲跳：兩手持啞鈴，兩腳左右分開，深蹲在兩個墊子間，做蹲跳動作（圖 498、499）。反覆練習。

（C）鋸末跑道練習

a. 跨步跳：在鋸末跑道上進行 30～60 公尺跨步跳。反覆練習。

b. 三級或五級跳：在鋸末跑道上連續進行三級或五級跳。反覆練習。

c. 兔子跳（小步蹲跳）：在鋸末跑道上深蹲，進行 30～60 公尺小步蹲跳。反覆練習。

d. 單足跳：在鋸末跑道上進行 30～60 公尺的連續單腳跳。反覆練習。

（D）臺階練習

a. 快速跑臺階。

b. 雙腳連續跳 2～3 個臺階。

（E）跳繩練習

a. 快速單跳：從前向後快速搖繩跳，或從後向前快速搖繩跳。

b. 快速交叉跳：兩臂交叉從前向後搖繩跳，或從後向前搖繩跳。反覆練習。

c. 半蹲「掃堂」跳：一手握繩做半蹲「掃堂」跳躍。反覆練習。

d. 快速雙搖跳：跳起後，從前向後快速搖繩兩次跳一次。反覆練習。

（F）徒手練習

a. 徒手連續跳起摸拍：同伴站在適當的高臺上，手持球拍前舉，練習者連續跳起觸摸球拍。反覆練習。

b. 縱跳轉體 360°。

c. 跳起在空中，兩腿前後分。反覆練習。

d. 跳起在空中，兩腿側分，上體稍前傾。反覆練習。

（G）採用斜坡跑道練習

a. 上坡跑 60 公尺 × 若干組。

b. 下坡跑 60 公尺 × 若干組。

c. 上坡跨步跳 60 公尺加下坡放鬆跑 60 公尺練習 × 若干組。

d. 上坡深蹲跳 30 公尺 × 若干組。

（H）爬山練習

（I）跳箱練習

擺放多個跳箱，其高度由低至高，先跳上再跳下。箱與箱之間可不連續跳，這樣難度大；也可調整一步，再跳

下一個跳箱。一組 3～4 人，輪流連續跳，一組跳 12 次 ×
若干組。

（J）沙包練習

a. 肩負沙包弓箭步。

b. 肩負沙包下蹲向上跳。

c. 肩負沙包向前深蹲跳。

（K）穿沙衣練習

a. 穿沙衣進行三級、五級跳。

b. 穿沙衣進行雙腳深蹲跳，幾步後跳過欄架。

c. 穿沙衣進行跨欄架連續跳。

d. 穿沙衣連續摸高。

（L）沙坑練習

a. 沙坑四方步法練習：根據教練員指揮的方向進行步
法練習。

b. 沙坑接球四方步法練習：根據教練員送出球的方向
接球再傳給教練員。反覆練習。

c. 沙坑反覆轉身快跑練習：（20 公尺 × 若干次）做若
干組。

d. 沙坑半蹲移動：（30 秒鐘～2 分鐘）做若干組。

e. 沙坑輕跳練習：15～20 分鐘 × 2 組。可安排在清晨
進行。

f. 沙坑收腹跳。

g. 沙坑五級或十級深蹲跳。

h. 沙坑立定跳遠並丈量。

（M）各種遊戲練習（略）

D. 力量耐力練習

（Ａ）分成 4～8 站（即 4 或 8 個訓練項目），分成下肢練習與上肢練習交替進行，即先練下肢力量，後到第 2 站練上肢力量（無間隙），第 3 站練下肢，直至第 8 站練完為一組，安排若干組。整個練習以中、中下重量為主，每一組以中、中上次數為主。

（Ｂ）採用小力量練至極限次數為止，如：臥推 20～25 千克推至推不起為止；啞鈴頸後舉、槓鈴頸後舉，舉至不能舉起為止，這樣的練習安排 1～2 組。

③ 力量訓練應注意的問題

A. 關於阻力大小與重複次數問題。在發展力量素質時，選擇運動負荷量是訓練中首先應注意的環節。教練員應首先瞭解每位運動員的最大負荷量，再根據所需要提高的素質來確定負荷量及重複次數，力爭使每組的訓練都達到最高指標。

例如，採用次極限重量，重複 1～3 次，佔用極限用力的 85%以上的訓練，可以發揮肌肉的協調能力；採用大重量，重複 4～8 次，佔用極限用力的 60%～85%的訓練，可促使肌肉功能性肥大（增大肌肉橫斷面）；採用中等大重量，重複 9～12 次，佔用極限用力的 40%～60%的訓練，可發展速度性力量；採用中等以下重量，重複 13 次以上，佔用極限用力的 40%以下的訓練，可發展力量耐力素質。

總之，每一種力量訓練方法都有一定的特點與作用，如何選擇，採用多大重量及重複多少次數，都取決於訓練的目的要求以及羽毛球運動的實際需要。

B. 力量訓練的手段應力求與專項動作緊密結合。因為發展力量素質要與技、戰術相結合，所以，所採用的力量

訓練手段必須力求與羽毛球運動的動作結構、用力方向、參與肌肉及其工作方式、關節角度等一致。

例如，羽毛球上肢力量訓練，除了發展一般肩帶部位的肌肉力量以外，主要應考慮提高與揮拍有關的動作的爆發力，並研究動作的用力方向而採取相應的訓練手段。如在採用啞鈴、槓鈴、拉力器、槓鈴片做頸後舉時，應特別注意後舉的動作應與揮拍動作相似，這樣對提高突擊殺球、大力殺球才有用。

又如在進行下肢力量訓練時，除了以一般力量訓練提高股四頭肌群的力量外，主要應考慮提高蹬、跳、跨的能力，要根據羽毛球運動技術中移動的特點而採取相應手段，使之有利於發展下肢專項力量。因此，沙坑、鋸末跑道上的步法及彈跳練習和穿沙衣、縛沙帶的步法訓練，甚至技術訓練，都是很有效的訓練方法。

C. 全年系統全面地安排力量訓練。研究表明，力量增長是很容易獲得的，但停止訓練後消退得也很快，特別是透過大力量訓練所獲得的肌肉力量見效快，但如不練很快也就消退了，由彈跳練習所獲得的力量保持的時間較長。因此，訓練中要注意，在進行大肌肉群力量訓練的同時，還應該注意結合彈跳力量訓練以獲得較長時間的力量素質。每週最少要進行兩次力量訓練，最好是 4 次。這 4 次身體訓練應做到大力量與小力量結合、一般力量與專項力量結合、動力性力量與靜力性力量結合，這樣才能使力量素質充分發揮其基礎素質的作用。

D. 力量訓練應注意使身體各部位力量得到均衡的發展。在一次訓練課中，如以發展上肢力量為主，則應安排

5～6 種上肢力量訓練項目，1～2 種軀幹力量訓練項目，1～2 種下肢力量訓練項目；當以發展下肢力量為主時，應安排 4～5 種下肢力量訓練項目，1～2 種上肢力量訓練項目，1～2 種軀幹力量訓練項目；當以發展全身爆發力為主時，應安排 3～4 種全身爆發力訓練項目，並結合其他部位的力量訓練項目。

總之，使全身各部位獲得均衡發展，這對提高羽毛球專項水準具有重要的作用。

E. 進行力量訓練，應在注意提高主動肌力量訓練的同時也加強對抗肌的力量訓練，以提高其協調性。如在進行提高股四頭肌的力量訓練時，也要發展後群對抗肌的力量訓練，不然股四頭肌力量太大會造成不協調，影響動作的協調性。

F. 在進行強度大、重量較重的力量訓練時，要注意做好準備活動，特別要安排些腰、膝、踝的準備活動，並在大力量訓練時，要特別注意對腰部的保護，最好有人保護，以防發生意外傷害事故。訓練後要注意肌肉的放鬆與調整，以提高肌肉的彈性和更快消除肌肉疲勞。

G. 羽毛球力量訓練要以速度性力量訓練為主，結合動力性力量耐力訓練，以適應專項技、戰術之需要。

H. 訓練方式方法不能固定不變。如果在較長一段時間內，訓練的專案和順序及互相配合的方法不變，那麼，會使運動員產生一種厭倦的情緒，從而影響訓練的效果。因此，力量訓練 2～6 週就必須在手段上或負重重量大小或次數上有所變化，才能讓運動員在新的刺激條件下產生應激狀態去適應新的刺激。

（2）速度素質的訓練

速度素質是人體快速完成動作的能力和動作反應時間的總稱，也可理解為人體或身體的某部分進行快速運動的能力。它是羽毛球運動重要素質之一。

① 速度素質分類

速度素質可分為反應速度、動作速度和移動速度3個方面。

A. 反應速度。是指人體對各種刺激發生反應的快慢，如羽毛球運動員在對方擊球瞬間對來球的判斷，以及如何選擇回擊球方式和路線，都是以神經過程的反應時為基礎，反應時短，反應速度就快；反應時長，反應速度就慢。

B. 動作速度。是指人體或人體某部分完成單個動作時間的長短。完成動作時間短，動作速度快；完成動作時間長，動作速度慢。當然，完成動作時間長短與準備狀態、動作熟練程度、靈巧性、協調性及速度力量、速度耐力的水準有關。

C. 移動速度。是指完成一定移動距離所花的時間長短。時間短，移動速度快；時間長，移動速度慢。當然，移動速度快慢與步幅、步頻以及肌肉放鬆能力和協調能力及運動技能水準都有關。

羽毛球運動對反應速度、動作速度及移動速度均有較高的要求。離開了速度，羽毛球「快、狠、準、活」的技術風格就難以體現，故提高速度素質是很重要的訓練任務。快速的速度訓練必須貫徹到各種素質的訓練中去，如

提高快速力量、速度耐力等。

②速度素質的訓練內容和方法

A. 反應速度的練習

（A）看教練員指揮 6 個方向的起動練習。

（B）採用多球做快速反應擊球練習。例如進行兩邊防守或上網練習：20～30 個×4～8 組。

（C）看信號燈做四方步法練習。

（D）聽教練員給出的信號做反應動作的遊戲練習。

（E）在跑動中聽信號做變向跑練習。

B. 動作速度的練習

（A）負重做專門性的動作速度的練習。

a. 負重沙衣做各種步法練習：與下肢力量沙衣、沙袋練習同。

b. 負重沙衣、沙袋進行彈跳力的練習。

（B）加重球拍進行專門性揮拍練習。

a. 加重球拍進行殺球練習。

b. 加重球拍進行兩邊防守擊球練習。

c. 加重球拍進行兩邊抽球練習。

這種訓練適用於目前省隊一線隊員使用，省二隊或業餘隊儘量少使用這種訓練手段。

（C）採用啞鈴進行快速頸後舉練習。

a. 採用啞鈴進行快速頸後舉練習：力量大的隊員須取重一些的啞鈴做練習，力量小的隊員取輕些的啞鈴進行練習，做 4～8 組，但重量不要超過 2.5 千克。

b. 採用啞鈴進行殺球揮拍練習：同 a。

c. 採用啞鈴進行左右兩邊防守及抽球的練習：同 a。

（D）採用壘球進行提高上肢動作速度練習。

a. 對牆擲壘球練習：100～150 次×4～6 組。

b. 對牆壘球擲準練習：20～40 次×6～8 組，擲不準的不算。

c. 壘球擲遠練習：分兩邊對擲，以最大力量擲 20～30 次。

（E）採用跳繩進行提高動作速度的練習。

a. 採用單搖跳 1 分鐘計數練習：1 分鐘×4～6 組，記錄每個人完成的次數，作為以後制訂訓練指標及提高的依據。

b. 採用雙搖跳 30 秒～1 分鐘計數練習：跳 30 秒～1 分鐘×4～6 組，同 a。

（F）採用快速分解步法的練習。

a. 快速交叉跳練習：20～30 秒×6～8 組。

b. 快速轉髖跳練習：20～30 秒×6～8 組。

c. 快速小步跑（原地）練習：20～30 秒×6～8 組。

d. 快速開腿並腿練習：20～30 秒×6～8 組。

e. 快速半蹲移動練習：30 秒～1 分鐘×6～8 組。

f. 快速雙腿跳十字練習：20～30 次×6～8 組。

C. 移動速度練習。

（A）15 公尺往返跑：8～10 次×4～6 組。

（B）30 公尺行進間跑：15～20 次。

（C）30 公尺速度跑：8～10 次。

（D）60 公尺速度跑：8～10 次。

（E）100 公尺速度跑：1～10 次。

（F）150 公尺速度跑：1～10 次。

（G）200公尺速度跑：1～10次。

（H）30公尺接力跑：每人4次×4～6組。

（I）60公尺下坡跑：10次。

（J）遊戲性質的追逐、變速跑。

（K）150公尺專項分解步法的往返跑。

a. 快速前交叉側身跑。

b. 快速後交叉側身跑。

c. 快速半蹲向前併步跑。

d. 快速半蹲左右側身跑。

e. 快速後退側身跑。

以上5種分解步法編成一組，如快速前交叉側身跑15公尺，返回來採用快速後交叉側身跑15公尺，接著半蹲向前併步跑15公尺，返回來後退側身跑15公尺，最後進行半蹲左右側身跑15公尺×2，一組結束休息3～5分鐘，再練習6～8組。如還需要加大強度，則可把向前墊步跑、跨步跑和向前高抬腿跑增加到訓練內容中。

③ 速度訓練中應注意的問題

A. 速度訓練的方法、手段應適應發展趨勢的需要

羽毛球訓練原則是以快為核心，世界羽毛球運動發展趨勢也是在快速能力上找出路。因此，在速度訓練問題上要採用各種方法和手段，以適應世界發展形勢的需要。

在基礎訓練和全面提高的前期階段，要重視速度的一般訓練，打好速度素質基礎。在全面提高後期和突尖階段，應圍繞打法特點和技、戰術需要強調訓練方法、手段的個別對待及有針對性的速度素質訓練。訓練盡可能採用多樣化的手段，而且必須與專項特點及比賽要求緊密結

合。

B. 合理安排速度素質訓練

要處理好速度素質同其他素質及能力的關係，合理安排練習的順序和時間，以產生與各素質能力之間的正遷移。

一般說，速度素質應在力量素質訓練之前進行。發展快速能力所進行的力量訓練應主要採用動力性練習，並在練習中穿插一些輕快的快速跑跳練習。

在大週期訓練中，速度素質訓練主要安排在準備階段的中後期和比賽前期，在訓練課中最好安排在運動員體力好、精力最充沛的時間進行，多安排在課的前部和中部。

C. 合理安排速度訓練的負荷

提高快速能力與練習強度、持續時間與間歇時間、重複次數有密切關係。速度練習是一種強度類負荷項目，因此，必須用最高或接近最高（95%～100%）的強度進行，中低強度的速度訓練效果不佳。

速度練習的持續時間在 1～35 秒之間。從跑動距離來說，從 1 公尺的反應起動到 2～3 公尺的步法練習，從15～20 公尺的行進間跑到 30 公尺、60 公尺、100 公尺、150 公尺、200 公尺的反覆跑，間歇時間應以使運動員工作能力得到恢復為準。

力量和速度訓練的特點

以上介紹的力量和速度訓練的內容和方法及其舉例，在組合上有以下特點：

第一，在手段組合上，以上下肢力量、速度和彈跳訓練為主。

上下肢力量：以下肢力量訓練為主。

速度：以 30～300 公尺或 400 公尺的反覆跑為主，由 300 公尺或 400 公尺反覆跑提高速度耐力。

彈跳：其實也是屬於提高下肢力量爆發力的訓練。彈跳訓練的力量較具爆發力與協調性，對羽毛球運動員的下肢步法移動較有利，並且彈跳力量獲得後不易消退。

總之，要按照以力量與速度為主體的組合原則結合其他素質穿插安排。

第二，上下肢力量訓練中，以輕力量的快速反覆為主，但每堂課都要大、中、小負荷相結合，即大負荷課時，上下肢總負荷在 8000～10000 千克以上；中負荷課時，上下肢總負荷在 5000～8000 千克；小負荷課時，上下肢總負荷在 5000 千克以下。在組合上，力量負荷大部分又以中小負荷為主，結合彈跳力量；專門的大負荷力量訓練課的安排較少。

第三，速度訓練中，以 30～400 公尺之間的反覆跑為主的訓練來提高速度耐力，促進一般耐力的提高。冬訓期間一般耐力一週安排 1 次，但速度耐力一週安排 3 次左右。可以說，身體訓練的安排是以提高速度、速度耐力為核心，從而提高其他各項素質。上下肢力量的提高也是為提高速度和速度耐力作保證。當速度和速度耐力提高之後，又促進了下肢力量的提高，故在訓練中對速度素質訓練要求比較嚴格，一般都有指標要求，達不到指標的須重跑，超額完成的可減少次數。

在訓練掌握上以注意速度的強度及品質為主。一般 60～150 公尺之內按 95% 的負荷強度要求跑 6～10 組，

200～400 公尺按 90%～85%的負荷強度要求跑 5～8 組。間歇時間按 60～150 公尺間歇 2～3 分鐘，200 公尺 3～4 分鐘，300～400 公尺間歇 5 分鐘左右。對於個別恢復太慢的運動員可適當延長。

第四，彈跳訓練應貫徹於身體訓練課的各種訓練期。每週均安排 4 次，即每堂課均有彈跳訓練。彈跳訓練比重這麼大的意義在於它是比較靈活的下肢力量訓練，除提高下肢彈跳爆發力和力量耐力外，它還具有較強的協調性。由彈跳訓練所獲得的下肢力量消退較慢，而且對提高羽毛球突擊進攻的蹬跳步法很重要。

（3）靈敏素質的訓練

靈敏素質是指運動員迅速改變體位、轉換動作和隨機應變的能力。它是運動技能和各種素質在運動活動中的綜合表現，也是一種複雜的素質。

一般認為，力量素質好、速度素質好而且協調能力強的運動員，其靈敏素質一定比較好。對羽毛球項目而言，靈敏是重要的素質之一，因為靈敏素質包括協調性、靈活性和準確性 3 大基本能力，因而它是對協調、靈活、準確和應變能力有很高要求的運動項目的最重要的素質，所以是羽毛球運動的重要素質。

① 靈敏素質的訓練內容和方法

A. 各種遊戲性質的訓練：遊戲方法不一一介紹，只要有利於提高靈敏素質及興奮性的練習均可採用。

B. 球類活動：籃球、足球、手球活動練習，時間控制在 30～60 分鐘。

C. 在跑、跳中迅速、準確、協調地做出各種躲閃、急停、變向跑、蛇形跑等。

② 靈敏素質訓練應注意的問題

A. 注意全面提高與靈敏素質有關的其他一些素質，以便為整體靈敏素質的提高打好基礎。

B. 根據不同訓練階段的特點安排靈敏素質的訓練。例如隨比賽、技術訓練比重的增加，協調能力的訓練應相應加強，準備期以一般靈敏素質訓練為主，比賽期以專項所需靈敏的訓練為主。一次訓練課中，靈敏素質訓練應安排在課的前半部體力較好的時間段。

（４）耐力素質的訓練

耐力素質是指有機體在長時間地從事運動活動中克服疲勞、堅持活動的能力。從事任何體育運動的運動員都應具備相應的耐力素質。

① 耐力素質的分類

按器官系統的機能分類可分為肌肉耐力和心血管耐力。

肌肉耐力是指肌肉長時間收縮用力的能力。

心血管耐力又分為有氧耐力、無氧耐力、有氧無氧混合耐力和缺氧耐力。

有氧耐力是指在氧供應充足的情況下的耐力。

無氧耐力是指在氧供應不足有氧債的情況下的耐力。

有氧無氧混合耐力是指具有有氧和無氧的雙重供能情況下的耐力。

缺氧耐力是在嚴重缺氧或處於憋氣狀態下的耐力。

按專項分類可分為一般耐力和專項耐力。

一般耐力以有氧耐力為基礎。

專項耐力以無氧耐力為主。

羽毛球運動需要的供能形式是混合供能形式，即有氧無氧混合耐力，並以有氧代謝為基礎，發展和提高無氧代謝能力，特別是發展 ATP–CP 的供能能力。

② 耐力素質訓練的內容和方法

A. 發展一般耐力練習

（A）1500 公尺反覆跑：2～3 組，間歇脈搏恢復至100 次 / 分以下即可再進行下一組練習。

（B）3000～10000 公尺跑：1 組

（C）（100 公尺快跑 +100 公尺慢跑）×20～30 次，強度 60%～70%。

（D）（200 公尺快跑 +200 公尺慢跑）×10～15 次，強度 50%～60%。

B. 發展專項耐力練習

（A）採用連續有間歇長時間的多球練習：一組 10～30 個球不等，間歇時間根據每一組的強度而定，一般間歇10～20 秒，接著再發，模擬比賽時間與間歇連續 30～40秒的多球練習。

（B）採用連續有間歇長時間的步法練習：方法如上。

（C）定拍數、組數要求的二對一式對攻練習：兩名隊員安排此練習，加上一位教練員陪練，雙方進行二對一式對攻練習，共進行 20～30 組，每組 5～10 拍。要求在40～50 分鐘之內完成。每組一人者為主練者，每一組他必須完成 5～10 拍的要求。如規定此練習為 8 拍 ×25 組練

習，那麼發球後必須打到 8 拍為一組；如在 8 拍前兩人的這一方失誤了，則繼續算下去直到一人者失誤算組數；如一開始就打了 25 拍，則計算 3 組。累加至 25 組算一人結束練習，換另一人練習，教練員轉至另一方陪練。這種方法有利於提高強度和穩定性。

（D）進行連續大強度的比賽練習：如安排二單二雙比賽或三單一雙比賽，提高比賽耐力。

（E）進行綜合分解步法練習：每做一個動作後採用放鬆調整步法 20 秒再做另一種動作。每個動作如按次數則計每次 20～30 次，如按時間則計 30 秒～1 分鐘。

C. 發展無氧耐力練習

（A）發展非乳酸鹽無氧耐力練習

a. 20 公尺行進間跑測最快速度：10～20 次，根據個人速度定指標。

b. 30 公尺反覆跑練習：8～12 次，根據個人速度定指標。

c. 60 公尺反覆跑練習：6～8 次，根據個人速度定指標。

d. 100 公尺反覆跑練習：4～6 次，根據個人速度定指標。

（B）發展乳酸鹽無氧耐力練習

a. 150 公尺反覆跑間歇訓練法：4～6 次，根據個人速度定指標（70%～80%強度）。

b. 200 公尺反覆跑間歇訓練法：同 a。

c. 300 公尺反覆跑間歇訓練法：同 a。

d. 400 公尺反覆跑間歇訓練法：同 a。

③ 發展耐力素質應注意的問題

A. 只有提高運動員的意志品質，才能更好地發展耐力素質

耐力素質訓練是一項很艱苦的訓練，意志品質在耐力訓練中具有很重要的作用。因此，在進行耐力訓練時，要提高運動員的認識，從而提高他們投入訓練的積極性，自覺刻苦地進行訓練。

B. 根據羽毛球專案的特點發展耐力素質

根據對羽毛球運動員所做的生理機能測定看，一場羽毛球賽後血乳酸和氧債不高。從氧債情況來看，羽毛球運動員要低於成績在 12 秒以下的 100 公尺跑的運動員。而且，羽毛球比賽後氧債恢復曲線開始下降部分較陡，說明這個項目的非乳酸氧債占主要比重。

由於當前世界羽毛球技、戰術水準的提高，比賽時間在逐漸增長，必須迅速消除無氧代謝過程中所產生的氧債和保持連續作戰的能力。因此，羽毛球運動員的耐力訓練要提高的主要是速度耐力。從供能形式看，必須以發展有氧代謝能力為基礎，主要提高有氧無氧混合代謝能力，特別是提高 ATP–CP 的代謝能力。

C. 耐力訓練應注意全年系統地安排

在準備期應以一般基礎耐力訓練為主，賽前階段應以比賽性的專項耐力訓練為主。

D. 耐力訓練應注意針對性

要對運動員的耐力素質狀況進行分析，要有針對性地對某些運動員進行他最需要的耐力素質訓練。同時注意觀察運動員在訓練課中、課後的反應，如出現不良反應應注

意找出原因，進行必要的調整。而且，訓練中應加強醫務
監督，並採取各種積極的恢復措施。

（5）柔韌素質的訓練

柔韌素質是指人的各個部位關節的活動幅度和肌肉與
韌帶的伸展能力，它在羽毛球運動中有著重要意義。

一名優秀羽毛球運動員的肩關節、髖關節、腰部這 3
大部位柔韌性的好壞，直接影響到技術的發揮。肩關節柔
韌性差，必然造成揮拍的擺臂幅度不大；髖關節的柔韌性
差，必然造成完成低重心的跨步動作時伸展面受影響；腰
部的柔韌性差，必然造成後仰突擊進攻能力受影響，鞭打
發力過程的傳遞受影響，出現發力不充分等問題。

① 柔韌素質的訓練內容和方法
發展柔韌素質一般在早操時間進行。

A. 主動的動力性練習
（A）徒手前後繞環練習。
（B）持啞鈴前後繞環練習。
（C）持球拍或木棍的轉肩練習。
（D）行進間踢腿練習，例如前踢、後踢練習。
（E）握肋木的後踢腿練習。
（F）肋木上的拉肩練習。

B. 主動的靜力性練習
（A）肋木上拉肩至最大限度靜止 3～5 秒的練習。
（B）正劈腿、前後劈腿練習。
（C）拉足背肌及股四頭肌的跪坐練習。
（D）拉小腿的靜力練習。

C. 被動的動力性練習

（A）肋木拉肩，教練員在背至肩部施外力的練習。

（B）施加外力的正劈腿練習。

（C）施加外力的前後劈腿練習。

（D）施加外力的拉足背肌及股四頭肌的跪坐練習。

D. 被動的靜力性練習

（A）施加外力的拉肩至最大限度靜止 5～10 秒的練習。

（B）施加外力的正劈腿、前後劈腿至最大限度靜止 5～10 秒的練習。

② 柔韌素質訓練應注意的問題

A. 柔韌素質要從小培養並經常保持，持之以恆

根據人體機能發育的特點，兒童時期是發展柔韌素質的「敏感期」，抓住這時期訓練柔韌素質會得到鞏固和保持並不易消退。必須注意，經由訓練而獲得的柔韌素質進步很快，但如停止訓練則消退得也快。因此，要經常保持訓練。一般可安排在早操時間、準備活動及課後結束部分，進行柔韌訓練對機體的恢復也很有好處。

B. 在進行柔韌訓練時要注意氣溫

天氣太冷不利於進行柔韌訓練，只有在適當的氣溫中訓練才會有較好的效果。

C. 柔韌素質的發展要適度

發展柔韌素質以有利於最大限度發揮專項能力為前提。一般來講，沒有必要使柔韌素質的發展水準達到最大限度，控制在不影響專項技術所需的伸展度上即可。因為，如超過這個限度，會導致關節和韌帶的變形，影響關

節結構和牢固性，且易造成傷害事故。

D. 柔韌素質訓練前要做好充分的準備活動

肌肉伸展性和肌肉的溫度有關，由準備活動，提高肌肉的溫度，降低肌肉的黏滯性，有利於柔韌性的發展。在訓練中不應急於求成，在加大外部壓力時，一定要控制好，不然會造成肌肉、韌帶拉傷。

以上介紹了羽毛球運動員身體素質的訓練內容、方法和手段及要注意的問題。如何在實際的教學訓練中合理安排和組合，如何掌握各時期的訓練重點，並對提高運動成績取得良好效果，是教練員必須掌握和提高的一門教學藝術。身體素質水準對羽毛球運動技術水準的提高有著極其重要的作用。因此，更快、更有效地提高身體素質是當務之急。

七、羽毛球運動戰術意識

(一)戰術意識概述

戰術意識是指運動員在千變萬化的比賽過程中,準確地判斷比賽場上的情況,並根據實際情況隨機應變地、準確地決定自己應如何行動的能力。

從心理學的角度看,戰術意識是運動員頭腦中的「戰術思維」如何適應千變萬化情況的能力的表現。

為了更好地完成羽毛球單打、雙打、混雙的各種戰術,在平時訓練和比賽中培養每名運動員的戰術意識有著極其重大的意義。

(二)戰術意識內容

根據羽毛球運動的特點與規律,戰術意識包括以下幾個方面的內容:

1. 運用技術的目的性

當我們在運用某種技術時,必須有明確的戰術目的,並明確各種技術用於戰術時所起作用的性能。例如當我方在後場獲得主動權後想組織一次進攻,就應該打平高球,而不能打高遠球,因為平高球才能達到進攻之目的,而高遠球是作為防守技術來使用的;又如當對方被逼失去中心位置之時,就應該採用劈球加快速度使對方來不及救起;

再如當對方已封住直線區時，我方就要用勾對角球的技術避開對方封直線。這些都是屬於戰術意識的一個方面，就是使用各項技術都要有戰術目的性。

2. 行動的預見性

在開始行動之前，一是要充分地預見到可能發生的情況，並想好應付的辦法，這也是戰術意識內容的一部分。例如我方從正手後場開始打出一個進攻性平高球，球一出手就要根據出球的品質——速度、弧度及落點，以及對方移動的情況，預見到對方會回擊什麼球。儘管你擊出的這個平高球品質好，但是對方移動得比較快，我方想達到逼他回擊直線高球的目的就不一定能達到。此時，一定要預見到對方有可能轉入反攻，因此，要注意他吊對角或反拉我方後場。這種預見性是戰術意識中很重要的組成部分。所說的某運動員戰術意識強，在很大程度上是指他在行動前的預見性強，比較容易控制整場球的主動權。

3. 判斷的準確性

判斷的準確性是正確地發揮技、戰術的前提，比賽場上正確無誤的行動均來源於正確的判斷。

預見與判斷，兩者既有聯繫，又有區別，預見是估計可能發生的情況，判斷是根據發生的情況而採取相應的動作。

當我方從正手區採用直線平高球攻擊對方頭頂而獲得主動進攻權之後劈對角經常成功，如果再採用這一戰術時，一定要能預見到對方可能會有所準備，並採取攔吊戰術對付我方。此時，我方就更應該注意出球品質與對方的

移動情況。當對方移動快，控制住了我方的直線平高球，並出手攔吊時，我方要能及時判斷並正確地行動，上網去控制球。

以上 3 點是戰術意識帶有普遍性的要素，不論我們使用哪一種技術，採用哪一種戰術，都必須具備這 3 個主要的因素。

例如一場混雙比賽，我方女隊員發球，在發球前，首先要觀察對方如何站位，是男隊員還是女隊員接發，站位是否適當，有無漏洞可抓。然後

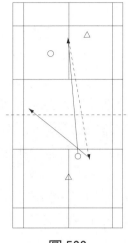

圖 500

決定採用什麼技術，發什麼球。如圖 500 中的對方女隊員站位，其頭頂 3 號區就有明顯漏洞。此時，我方可採用發 3 號區平射球進行攻擊。當球發出後，我方要根據發出球的品質——速度、弧度、路線、落點預見到對方會進行勉強的扣殺，並準確地判斷對方只會殺到我方的右場區，我方發球後立即準備防守正手區球，並根據對方擊球後的站位發現其正手前場區是一個明顯漏洞（這就是預見到的問題），迅速採用勾對角網前球到對方漏洞方位上。如此，戰術的目的性明確，必然獲得成功。

我們常常會看到這樣的運動員：比賽時對方的球到哪裏，他早就出現在哪裏，並常常處於控制主動的位置，顯得輕鬆自如，體力消耗也少，最後取勝機會很大。相反，有些運動員在比賽場上亂衝、亂跑，雖然他很賣勁，到處搶救險球，拼勁十足，但顯得非常吃力，最後消耗體力過

大，往往是以失敗而告終。

以上兩種情況足以說明戰術意識的重要性，可以看出：

第一種運動員每使用一種技術時目的性都比較明確，該攻的攻，該守的守，該過渡的過渡，球出手後他又能根據球擊出的品質迅速地預見對方可能打什麼球，當對方回擊時他能準確地判斷來球的方向和落點。因此，就會出現球到哪裏他就已出現在哪裏的主動控制局面。

第二種運動員在這 3 個環節上總有一兩個環節出差錯，因此，難以取得主動權。只能憑拼勁來打球了，也就顯得相當吃力。

4. 出手動作的隱蔽性

做到了以上 3 點可以不受騙，能及時趕到球的落點。可是，為了取得比賽的主動與勝利，還必須在出手動作上做文章。出手一瞬間要有變化，力求動作更隱蔽些，打法更多變些，虛虛實實、真真假假，干擾對方的判斷，造成對方的判斷錯誤，使其防不勝防。

如在網前獲得主動之後可做一個搓球動作，等對方要起動或已起動之後突然改為推球或勾對角球。這一招就會造成對方判斷錯誤，甚至起動停止，致對方於死地。

5. 進攻的主動性

為了獲得比賽的最後勝利，一定要儘量多地創造進攻機會，並主動出擊，使進攻具有強烈的攻擊性和突擊性。

所謂攻擊性，就是要形成一種壓倒對方的氣勢，給對方心理上以一種大的壓力。所謂突擊性，就是要出其不

意，攻其不備，想方設法使對方措手不及。

6. 防守的積極性

在羽毛球運動中，攻與守是經常轉換的，防守是進攻的開始，當處於被動防守時，我們提倡積極的防守意識，而不是消極防守。二者之間的區別在於是否貫穿了積極取勝的思想。一切防守技、戰術都必須帶有強烈的反攻意識和防守的目的性。如當對方從正手後場殺我反手區時，我方迅速反勾一對角球。這一勾就具有強烈的反攻意識，也可能直接得分。

雙打中對方在後場進攻，我方防守時是採用一般向後挑球的消極防守，還是有意識地挑一正手後場讓對方殺後反拉平高球到對方頭頂區，後者雖是防守技術，但它是積極的，甚至是進攻性的。所有一切打漏洞的防守技術均是積極的防守行動。

7. 戰術運用的靈活性

比賽過程中，任何戰術的運用都不應該一成不變，而應根據當時的實際情況靈活地運用。這也是戰術意識強的表現。

雙打比賽中我方制定了邊攻邊、中攻中的進攻戰術，在執行過程中開始很成功，可是對方經過幾個回合的失利後，發現了我方的戰術。當對方把球打到我方正手邊線時，我方按原定戰術是殺直線邊線球，可是，由於對方發現了我方前幾個回合的殺球落點，這次把位置移向邊線以便把邊線球守好。在這種情況下，我方應從對方的站位有

所改變發現其意圖，從而改變戰術方案不殺邊線而改殺中路球或大對角球，這就是戰術靈活性的表現。

8. 配合的默契性

在雙打、混雙比賽中能否做到配合默契是戰術能否協同一致和戰術意識強弱的表現。

如混雙比賽中，當我方獲得主動進攻權時，對方已退成男女並列防守的位置，此時我方如執行攻女隊員戰術，那麼，站在網前的我方女隊員，就要把位置移至對方女隊員的直線位置上封住從對方女隊員防守出來的直線網前球或平球，這種合作是默契的一種表現。

又如雙打比賽中，我方獲得主動進攻權並計畫執行攻中路戰術，可是後場隊員未執行此戰術方案，而改用殺大對角戰術，這樣，就造成前場封網隊員在封網問題上的漏洞及困難，這就是配合不默契的表現。

以上戰術意識所包含的 8 個因素是密切聯繫、互有區別而又缺一不可的。各項技、戰術的運用對戰術意識有不同的要求，作為一名優秀運動員，一定是在這 8 個戰術意識因素中具有良好的能力，而作為一名年輕的選手要想達到優秀選手的水準必須在這幾個方面下工夫，使能在比賽中少「受騙」，多獲得主動權，最後戰勝對手。

(三)培養與提高運動員的戰術意識

1. 要意識到戰術意識的重要性

首先要使運動員意識到戰術意識的重要性，並把羽毛

球的專項戰術理論知識與戰術意識 8 大因素的內容和要求列入訓練計畫之中，有意識、有目的、有系統地進行教育，使運動員的頭腦中儲存有較豐富的專項戰術及戰術意識，以便更快地提高。

2. 瞭解自己和對手

要充分瞭解自己和對手攻防技、戰術的優缺點，做到知己知彼，才能使自己的行動符合客觀實際。教練員要建立對手情況技、戰術優缺點登記卡，比賽前讓隊員進一步瞭解對方，比賽後及時總結，以提高戰術意識。

3. 培養敏銳的判斷能力

要培養運動員對比賽場上的客觀情況具有敏銳的觀察分析判斷能力，如是順風還是逆風、側風，哪一點有反光現象，場地是滑些還是不滑，球是重了還是輕了。

對方在比賽中的表情也是我方觀察分析的內容，對方眉頭一皺、頭一搖、雙手撐著腰等都能說明哪些問題，如果這些問題都能在比賽中清醒地去觀察並分析判斷準確，那麼就會提高戰術意識。

4. 善於思考

善於開動腦筋多思考可以出戰術，這樣產生的戰術再付諸實踐和總結，經過幾次反覆就會獲得一種適合自己的新戰術。在訓練中要提倡手腦並用，想練結合。

5. 戰術意識要貫穿到平時訓練中

要在平時訓練基本技術中貫穿戰術意識，把技術訓練與培養戰術意識有機地結合起來。如在安排高吊練習中就要提出平高直線吊對角這一戰術思想，在練雙打防守中練挑球就要強調攻直線挑對角、攻對角挑直線。這樣，既練了挑的基本技術又練了拉開戰術。

6. 讓運動員多參加各種形式的國內外比賽，以豐富比賽經驗

如不能參賽，也可多參觀比賽，或看錄影，從而由分析比賽情況，總結成功和失敗的經驗教訓，以便提高戰術意識。

7. 智力訓練

由多方面的智力訓練，提高運動員的分析判斷能力、邏輯推理能力，從而提高戰術意識。

8. 提高教練員的戰術水準

一切安排和訓練都取決於教練員對戰術意識的重視程度和業務水準，他在訓練比賽中應具有敏銳的觀察能力，並能及時地給運動員以明確的臨場指導，這是一個很關鍵的環節。打鐵必須本身硬，教練員一定要注意自身的學習與提高。

八、羽毛球比賽現場指導的原則與要求

（一）戰術指導概述

1. 戰術指導在比賽中的地位

現代羽毛球比賽勝負之事，可以說是實力與謀略之事。因此，以實力為前提的戰術指導在勝負結局中具有非常重要的作用，特別是在團體賽中，這種作用表現得更為明顯和突出。

我國古代田忌以 3 匹相對劣勢的馬取勝齊威王的故事，可謂是比賽中戰術指導藝術最出色的一個例證。作為一名教練員要在比賽中運籌帷幄，駕馭整個比賽的進程並最後獲得勝利，必須在比賽戰術指導上下苦工夫，深入研究，才能更好地掌握這門藝術。

2. 戰術指導的兩個中心環節

戰術部署和心理調節是教練員在戰術指導中的兩個中心環節，這兩個環節處理好了，就可使運動員平時所獲得的實力得到充分的發揮。

在一般情況下，教練員在賽前對運動員的戰術指導往往集中於指導運動員如何發揮自己的特點、抓住對方的弱點和克敵制勝的戰術部署上，而對臨賽前運動員的心理調

節卻重視不夠或辦法不多。

運動員在賽前往往有強烈的心理反應，這種反應可能會直接影響到戰術部署的正確實施，從而導致競技水準得不到正常發揮。因此，可以認為進行賽前心理調節比戰術部署更為重要。

3. 戰術指導的目標、階段及實施步驟

戰術指導的主要目標，是在賽前要充分調整和改善隊員的心理狀態，使他們明確比賽任務，激發良好的比賽動機，建立取勝的信心，消除緊張情緒，從而形成最佳競技狀態。

在這種狀態下，教練員給予經過充分瞭解的對方的技、戰術資訊，以及對方的身體素質、心理品質等方面的資訊，並根據雙方情況作出合理的戰術部署，才能使運動員吸收並化為自己的行動去貫徹執行。

可以認為，戰術部署得再合理，如果運動員處於不良的心理狀態，那是很難去貫徹執行的。因此，戰術指導的主要目標的兩個中心環節是缺一不可的。

戰術指導可分為賽前準備階段和臨場指導兩個階段。賽前準備階段是指賽前 4 週；臨場指導是指臨場比賽的指揮部署，例如團體賽的交換名單、臨場戰術部署。

戰術指導的實施步驟可分為收集資訊、戰術決策和實施指導 3 個大步驟。在賽前階段及臨場指導都存在這 3 個步驟。

(二)賽前準備階段

1. 賽前收集資訊

毛澤東曾在《中國革命戰爭的戰略問題》一文中說過：「指揮員的正確部署來源於正確的決心，正確的決心來源於正確的判斷，正確的判斷來源於周到的和必要的偵察，和對於各種偵察材料的聯貫起來的思索。」這段話充分說明了收集資訊對於作出正確的判斷、樹立必勝的信心及作出正確的部署的重要性。

（1）收集資訊的方法

收集資訊的關鍵在於全面和準確。為此，教練員在賽前就要透過各種管道去瞭解一切與比賽有關的資訊，這種資訊的收集方法有如下幾種：

① 賽前觀看對手比賽錄影

這是現代化器材帶來的最先進的最直觀的收集資訊的方法。攝影機把對手最近一段比賽現場的情況拍攝下來，教練員要反覆觀看，分析對手的優缺點，力求資訊收集得全面和分析判斷得準確。

② 訪問知情者

這種方法有時可收集到對手很尖端的情報。當然，我們訪問的知情者，他們對對手情況的知情度如何，以及他們是否能毫無保留地介紹對手的情況，決定我們所瞭解的資訊有無真正價值。

③ 查閱平時建立的對手檔案

平時建立的對手檔案情況，在比賽前讓運動員熟記其球路，可以減少準備會的時間。只要記錄的對手球路準確，對策的針對性強，往往可收到較好的效果。

④ 在無意閒談中瞭解對手資訊

在比賽期間，運動員、教練員經常會聚在一起閒談，這時有意識地捕捉有關對手的資訊，有時會得到很有價值的材料。

（2）收集資訊的內容

只要與比賽有關的內容都應列入收集範圍。但是，由於條件的制約，以上幾種收集資訊的方法不一定都可行。因此，收集資訊方式總是有差異的，但是下列的內容是一定要瞭解並熟知的。

① 首先要「知己」

平時教練員對每一名隊員的身體狀況、技術、戰術和心理素質、個性特點都要有一定程度的瞭解，但到了賽前，比賽的緊張程度和重要性、每名隊員對比賽的動機與期望、領導對比賽的要求等因素，都會使運動員在心理上有所改變，從而影響到比賽時技、戰術的正常發揮。故教練員在賽前應認真仔細地瞭解和掌握自己隊員的身體、技術、戰術和心理狀態，特別是身體和心理狀況更為重要。

在瞭解身體狀況時，一定要特別重視瞭解隊員賽前有無傷病或體能不佳的反應，包括女隊員的例假情況。在賽前要抓緊傷病的治療，以及例假的調整和體能調整，使運動員有一個很好的狀態前往賽區參賽。如果帶著傷病去參

加比賽不僅會直接影響到技、戰術的運用和發揮，而且也會增加心理負擔。

對運動員賽前心理狀態的掌握是很重要的，在這方面可參考著名運動學家普尼對運動員賽前心理狀態3種反應形式所作的歸納（表3），辨別運動員的賽前心理狀態，並採取相應的措施，會使運動員信心百倍地參賽。

表3　賽前反應的主要形式

		積極比賽型	過度興奮型	過度抑鬱型
賽前症狀	生理方面	所有生理過程均屬正常	異常激動，植物神經紊亂，如脈搏劇烈加快、大量出汗、頻尿、四肢發抖、下肢發軟等	動作遲鈍而壓抑，打哈欠
	心理症狀	輕微的激動，愉快地有點按捺不住地等待比賽，注意力高度集中，從容登場，感到渾身是勁	嚴重的神經過敏，行動失去控制，健忘，心神不定，登場時惴惴不安，驚慌失措，無理由地慌亂	精神萎靡、反應遲鈍、淡漠、害怕、情緒低落、想退出比賽、疲倦抑鬱
比賽時的行動		非常有章法地按戰術要求投入比賽，方向明確，能控制比賽形勢，投入比賽，並能取得預期甚至更好的成績	舉止失常，有時沒章法、沒戰術，喪失速度感，不能控制動作過程，做高難技術性動作時屢犯錯誤，甚至肌肉痙攣	比賽無力，意志很快消沉，無法動員現有的力量，運轉不靈，所有的動作都是低水準的，因此賽後也不感到疲勞

瞭解了自己隊員的情況，有了「知己」便於採取有效的對策。沒有「知己」就會無的放矢，就會作出過高的自我估計，教練員就會對比賽的結果感到失望。

② 還要「知彼」

在瞭解對手資訊的內容方面，除瞭解其身體狀況及心理狀況外，還要詳細瞭解其技、戰術的習慣。

在單打比賽中需要瞭解的資訊有很多，例如對手主要打法、習慣的球路、絕招技術、最大弱點、在什麼情況下會改變打法、領先和落後時有何表現、身體素質和耐力情況、左右轉體能力、突擊能力、意志品質、是否較易緊張和激動等，可以製一表格（表4），把瞭解到的資訊填入

表4　單打對手技、戰術資訊表

對手姓名：		握拍：	打法特點：
後場區	正手	高球	
		吊球	
		殺球	
	頭頂	高球	
		吊球	
		殺球	
前場區	正手	搓球	
		推球	
		勾球	
	反手	搓球	
		推球	
		勾球	
防守優缺點			
身體素質優缺點			
心理優缺點			
絕招技術			
對策			

表中，特別是對方的習慣球路要認真仔細地填寫，並不斷修正。

雙打、混雙比賽時要瞭解的內容有不同，例如發球和接發球的習慣、第三拍和第四拍封網的優缺點在何方、進攻和防守時的習慣球路、隊形的優缺點，以及配合的優缺點等等（表5）。

表5　雙打對手技、戰術資訊表

對手姓名：		握拍情況：
打法特點：		統　計：

右區	發球球路	
	接發球球路	
	第三拍封網優缺點	
	第四拍封網優缺點	
左區	發球球路	
	接發球球路	
	第三拍封網優缺點	
	第四拍封網優缺點	
進攻優缺點		
防守優缺點		
隊形優缺點		
配合優缺點		
身體素質優缺點		
心理優缺點		
對　象		

③ 要瞭解周圍環境的資訊

要瞭解周圍環境的資訊，包括裁判員誤判和錯判、賽區氣候、現場觀眾噪音的干擾和燈光、風向、場地等情況。

總之，一切與比賽有關的環境資訊都屬於瞭解的內容，只要教練員對以上情況瞭解得較詳細，並能及早地告知運動員，使運動員也做到心有數，就能發揮最佳水準。

2. 賽前資訊決策

決策過程是一個複雜的思維過程，要求把收集到的各方面的資訊加以處理，即去粗取精、去偽存真、由表及裏地加以思索，從而作出正確的決策方案。

(1) 指揮者的決策程式

一般說決策程式由以下幾個環節構成：

① 資訊分析與決策目標

在這一環節中，對教練員要求是很高也是很嚴格的，要有高度的責任感和嚴謹的工作態度，對來自各方面的資訊要有分析與歸納的能力。不然，就可能導致決策錯誤。

② 擬定方案

教練員應充分利用自己的知識、經驗、業務能力提出幾個可供選擇的戰術及心理調整方案，供教練組討論。

③ 分析評估方案

這一環節主要是發揮教練員的聰明才智，積極發表意見，對各種方案的可行性進行比較。在分析評估時，一定要分析雙方的情況，不能只考慮一方。

④ 決定方案

這是賽前決策的決定性環節，特別是團體賽的出場順序是關鍵一環；正確，可能就是勝利；錯誤，可能就會導致失敗。為什麼常常在交換團體賽名單時有的教練員就會感到勝利在握，有的教練就會感到情況不妙，原因就是決策正確與否。

在戰術部署上，方案的選擇可以取其一也可以綜合為一。在確定某一方案之後，也不應完全放棄其他方案，因為比賽的戰術運用是靈活多變的，不像出場名單一交換就不能改變了。

由於戰術還存在多變的問題，所以教練員要有預見性，預見對手在什麼情況下就會改變戰術，我方也要有多種的戰術準備，以對付其多變。

（2）對指揮者決策時的要求

主教練就是一名指揮者，他要調動教練組一班人，群策群力，同心同德地指揮好決策前的一切準備。

① 在各抒己見的前提下，主教練決策後，大家同心同德地執行決策方案。這個隊伍是否團結，主教練是否有水準、有能力，主要看在決策過程中大家是否能各抒己見，主教練是否能把不同意見集中統一，排除一切可能導致失敗的因素，是否能調動大家同心同德地去執行方案。一定要避免出現主教練「一言堂」的現象。

② 進行心理調節與戰術部署時，必須注意因人而異。在賽前進行心理調節決策時，一定要充分認識到因人而異才能取得良好的調節效果。因為隊員之間個性特徵、教育

程度、思想水準、接受能力以及心理障礙的原因都存在著差別，所以用同一種辦法是不能收到廣泛效果的。因此，運動員要有信任感，要能合作，不然心理調節是無法進行的。

至於戰術部署也要因人而異，作不同的部署，有的運動員只要求教練員簡單歸納出對手優缺點及如何對付的辦法就可以；有的運動員要求儘量詳細些，各個環節最好都有部署和交代，這樣他才能做到心中有數；有的運動員要求教練員能對自己提出指標要求，有點兒壓力他反而感到有勁；有的就不希望教練員提出有壓力的指標要求。因此，因人而異的原則在進行戰術部署和心理調節的決策時，一定要特別重視才能收到良好效果。

③戰術部署決策時，必須注意揚長避短，以己之長克彼之短，切忌面面俱到，毫無重點，應該貫徹「以我為主、以快為主、以攻為主」的方針，並且重點地部署如何以己之長克彼之短，如何先下手來保護自己的短處等，這都是部署戰術時必須注意的重要原則。

④戰術部署還要注意隨機應變。

高水準運動員之間的比賽，戰術不可能是一成不變的。因此，在戰術部署上切忌只強調一種戰術、一種處理辦法，而應在整體觀的指導思想下佈置戰術，隨機應變地變換戰術去對付對手變化的戰術，才能使運動員思想不僵化，而時刻處在靈活應變的狀態中。這樣，運動員應變能力提高了，水準也就穩定了。

3. 賽前實施指導

經過前兩個階段後，教練員就要把決策後的意見貫徹到運動員中去實施指導。

（1）賽前指導的形式

① 召開集體準備會。全體都必須參加，主教練做動員工作，目的在動員、鼓舞運動員的鬥志。全體準備會之後，召開各組賽前準備會，主要討論出場順序。另外，還要考慮兼項問題，並且對兼項作出安排。主教練要把經過決策的意見告知運動員。

② 分組準備會。因為單打和雙打有不同特點，分組召開準備會不僅有利於單打的人員談得更切合實戰要求，而且可以節約時間。

③ 個別談話。這一形式大多用於個人項目的比賽戰術部署及心理調節。

（2）賽前指導的內容

① 詳細介紹瞭解到的對手習慣球路、基本打法、絕招技術、薄弱環節等資訊。

② 針對對手的情況，我方採取的打法、抓對方薄弱環節和防住或限制對方的絕招技術的對策。

③ 在不同的形勢下應變的思想準備和採取的戰術打法。

④ 對環境如場地、風向、反光、噪音、裁判等的適應措施。

⑤對心理狀態的調控。如可做「前睡眠狀態下的暗示法」幫助運動員解除心理的緊張情緒。暗示應該特別注意克服的自身問題。

總之，賽前指導中不論形式或內容如何，都必須達到使運動員對戰術任務、具體打法，以及對方習慣打法、球路、絕招、弱點有較充分的瞭解，做到心中有數，這樣，在貫徹執行中才能隨機應變，靈活自如。

在心理調控方面應使運動員達到渴望參賽，並有競爭意識，有必勝和發揮水準的信心。對於有心理障礙的運動員要幫助他們最大限度地排除。

(三)臨場比賽的戰術指導

1. 臨場資訊的收集要及時而有針對性

賽前戰術指導在很大程度上帶有主觀預測和推理的成分，所以，比賽開始後教練員應該根據賽場上的變化，及時地瞭解雙方戰術使用和心理狀態上的實際情況，以便在可以進行指導時有針對性地給予指導。

(1)臨場觀察時對教練員的要求

①臨場觀察時要求教練員高度地集中注意力，不能邊看球邊閒談影響精力集中，一定要捕捉到每一個有價值的資訊。對雙方的一舉一動和技、戰術的每一變化，都應很明確，在頭腦中要能儲存、能分析，從中獲得最關鍵的指導資訊。

②要及時記下所獲得的對方的得分球路及失誤技術、

區域，不可由於賽場氣氛緊張而忘記。

③ 如果是團體賽，教練員不僅要密切觀察本場比賽情況，還要由本場比賽的勝負結果考慮下一場上場前對運動員的心理調整方案。因此，團體賽最好有個助理教練能根據主教練的意圖去關注下一場即將上場隊員的心理狀況，以求前一場的比賽結果對上場隊員心理的影響得到正確的調控，這是很重要的環節。

（2）臨場比賽資訊收集的重點

① 對手的情況是否與賽前預測相符或有出入，我方隊員能否按戰術部署去完成計畫。

② 對手主要得分技術是什麼？以便指導時能明確指出。

③ 對手主要失分技術、區域或情況是什麼？以便告訴運動員狠抓對方弱點。

④ 對手在打法上有改變，而我方又防不住這一打法，應改變打法以制服對手。

⑤ 在對手打得順手時，要注意我方打法是否正確，如正確則應堅持，對方順手只是暫時的。

⑥ 我方運動員的心理狀態是否能充分適應場上比賽的要求？不適應時應在可以指導時給予糾正。

⑦ 抓準對手在整場比賽中表現的主要弱點，以便及時提示我方隊員。

2. 臨場比賽的戰術決策

臨場戰術決策的整個過程，不可能像賽前決策那樣有

充分考慮的時間，允許討論，臨場戰術決策應始終把觀察過程與分析同步進行。這時，主教練的各方面經驗、知識、邏輯分析、推理、應變能力，以及如何充分運用靈感的提示，都是臨場決策所必需的。

3. 臨場實施指導

羽毛球比賽規則與籃球、排球和足球的比賽規則不同，隊員一上場比賽就不能換人，只有打到 11 分休息時或 1：1 時才能進行指導，如何指導，這是最後臨場實施指導的任務。

（1）首先牢牢把握關鍵問題。

教練員在比賽中的指導，應抓住關鍵性問題，如戰術上如何發揚以我為主、以我之長攻彼之短的問題等。不要去糾正那些需要經過長期訓練才能解決的某些體能和技術環節等問題。如果屬於心理過分緊張引起的問題，那麼，就要根據該隊員的特點及時地幫助消除。

（2）指導語言應該簡明、扼要、集中。

教練員指導時，要言簡意賅，這樣才能讓運動員記住指導重點。有多名教練員參與指導時，應把主要意見歸納到主教練那裏，由主教練集中主要指導意見向運動員實施指導。

（3）指導話語切忌含糊，「可能」「大概」一類的語言會讓運動員捉摸不透，猶豫不決。要斬釘截鐵，「一針見血」。

（4）靈活機動地運用「默契」的語言。

教練員如能在比賽中靈活機動地運用平時與運動員慣

用的神情、手勢、暗語等方面的默契語言，會使運動員立即理解意圖，做到「心有靈犀一點通」。

（5）教練員應變能力要強。

比賽中教練員一旦發現對方已改變戰術打法，使我方處於劣勢，要及時地作出應變對策，並採取措施傳遞給比賽中的隊員。

（6）比賽場上主教練不能隨意走動，應坐在合適位置，神態自如，充滿信心地觀戰、指揮。

比賽中教練員的神態對運動員心理的感染力極強，哪怕是在最緊張危急的情況下，教練員也要神態自如，表現出信心十足，這對比賽中的隊員是一種無形的鼓舞，並能增強戰鬥力。

當然，有時比賽中運動員由於心理緊張，控制不住情緒，造成技、戰術失控，無法發揮自己應有的水準。此時，教練員也不要發脾氣，要克制自己的急躁情緒，這對運動員以後的成長是很有益處的。

（7）比賽萬一發現需要批評的問題時，要注意時機，因人而異。

批評是為了把比賽打好，如時機不對則收不到應有效果。要特別注意：有些運動員在這種情況下經不起批評，可是有的運動員卻需要嚴厲地批評才能振奮。故要掌握好時機與物件的接受能力。

（8）比賽指導中要學會不受裁判員判決的影響，並且也要教會運動員在任何情況下都不和裁判員產生矛盾的思想方法，不然會影響指導和比賽的精力，對自己是不利的。

（9）要善於利用自己頭腦中的「靈感」產生的暗示去處理比賽中的問題。

比賽中，往往會有「靈感」產生的暗示，教練員有，運動員也有。教練員和運動員都不應輕易地破壞或否定這種暗示。這樣，教練員、運動員心裏總有一種安慰和寄託，情緒上總會有利於比賽的進行。

九、教練員臨場指導能力的培養

要使一位教練員能在比賽中把平時訓練的成果高度發揮出來，運籌帷幄、駕馭整個比賽的進程並最後獲得勝利，就必須在臨場指導能力上加強研究和進行培養。

(一)提高教練員的愛國心與事業心

提高教練員的愛國心和事業心是培養教練員臨場指導能力的前提，教練員只有熱愛國家，才會熱愛自己所從事的事業。一心想自己利益的人，難以安下心來研究和提高臨場指導能力。

(二)提高教練員的知識結構與能力結構

提高了教練員的知識結構和能力結構才能提高教練員臨場指導的應變能力。

1. 教練員的知識結構

比賽期間，教練員的臨場指導是很關鍵的。為了提高這方面的應變能力，必須提高自身的知識結構。教練員的知識結構應以運動訓練的基礎理論知識為核心和主體，涉及多門學科，但教練員不必要，也不可能同樣熟練地掌握這麼多知識，而各種知識對教練工作的重要性也不同。因此，根據田麥久教授的模糊統計方法，以評價量表的形式

表6　教練員的知識結構

重要程度序隸屬度	非常重要	重要	比較重要	一般	不太重要
0.8～	1.專項訓練理論 2.專項技、戰術				
0.6～0.8	1.一般訓練學 2.運動心理學	1.運動生物力學 2.醫務監督（運動醫學）	1.運動解剖學 2.運動營養學 3.運動生物化學	1.體育統計學 2.外傷急救（運動醫學）	
0.4～0.6	體育教育學		體育教法學		

描述了各門學科在教練員知識結構中的地位和重要程度
（表6）。

2. 教練員的能力結構

　　教練員的能力只有有機地聯繫在一起，才能更好地發
揮作用。原蘇聯學者依・納・加拉克季奧諾夫的研究成
果，比較完整地概括了教練員的能力結構應具備如下5種
基本能力：

（1）認識能力

　　正確感知資訊的能力，觀察能力，邏輯思維能力。

（2）計畫能力

預見性，想像力，合理安排教學訓練內容的能力。

（3）交際能力

控制自己情緒與感情的能力，取得他人信任的能力，交際的主動性，協調人際關係的能力。

（4）組織能力

提出任務並保證完成的能力，協調各方面關係並調動各方面積極因素的能力。

（5）教學能力

語言表達能力，控制身體表情和面部表情的能力，控制運動員注意力的能力，技術示範、糾正錯誤、保護運動員的能力。

以上各條對羽毛球教練員來說都是非常適用的。

（三）積極參加羽毛球教練員崗位培訓班的學習

國家體育總局乒乓球羽毛球運動管理中心組織的各級羽毛球教練員崗位培訓班，為羽毛球教練員創造了增加新知識的好機會。教練員可以接受新的知識、新的觀點，以便適應新的環境、新的技術和戰術，迎接新的挑戰。

(四)把培養對象推到比賽的第一線

老教練員應把年輕的教練員推到比賽第一線去進行實戰指導，做好傳、幫、帶工作，使他們儘快地提高指導藝術，以適應實戰指導。

(五)熟練掌握比賽指導原則與要求

教練員要熟練掌握比賽的指導原則，要能牢牢抓住臨場指導的兩個中心環節——戰術部署和心理調節，並掌握戰術指導的 3 大步驟——收集資訊、資訊決策、實施指導，要學會和提高臨場指導的藝術。

後　記

　　在本書的編寫過程中，受到了原國際羽聯主席呂聖榮女士的鼓勵，也受到了原中國羽協主席、國家羽毛球隊總教練王文教先生的大力支持，並為本書作序。另外，蕭揚和林毅為本書的技術動作、身體訓練做規範的示範。在各方面人士的支持和幫助下，使得本書能與讀者早日見面，在此，我表示萬分感謝。

　　由於水準有限，難免有闡述不妥之處，請見諒！

國家圖書館出版品預行編目資料

羽毛球技‧戰術訓練與運用 / 林建成 編著
－初版－臺北市：大展，2010【民99‧07】
面；21 公分－（運動精進叢書；23）
ISBN 978-957-468-756-5　（平裝）
1. 羽毛球
528.959　　　　　　　　　　　99008386

羽毛球技‧戰術訓練與運用

編　　著／林建成
責任編輯／叢明禮
發 行 人／蔡森明
出 版 者／大展出版社有限公司
社　　址／台北市北投區（石牌）致遠一路2段12巷1號
電　　話／(02) 28236031‧28236033‧28233123
傳　　真／(02) 28272069
郵政劃撥／01669551
網　　址／www.dah-jaan.com.tw
E-mail／service@dah-jaan.com.tw
登 記 證／局版臺業字第 2171 號
承 印 者／傳興印刷有限公司
裝　　訂／眾友企業公司
排 版 者／弘益電腦排版有限公司
授 權 者／北京人民體育出版社
初版1刷／2010 年（民 99 年） 7 月
初版3刷／2016 年（民 105 年） 6 月　　　　　　定價／280 元

大展好書　好書大展
品嘗好書　冠群可期

大展好書　好書大展
品嘗好書　冠群可期